Natalie Amiri
Afghanistan

W0039014

 aufbau

NATALIE AMIRI

Afghanistan

Unbesiegter
Verlierer

 aufbau

Mit 17 Fotografien, die aus den Afghanistanreisen
Natalie Amiris (2011–2021) stammen.

MIX
Papier aus verantwor-
tungsvollen Quellen
FSC® C083411

ISBN 978-3-351-03963-9

Aufbau ist eine Marke der Aufbau Verlage GmbH & Co. KG

1. Auflage 2022
© Aufbau Verlage GmbH & Co. KG, Berlin 2022
Einbandgestaltung zero-media.net, München
Satz Greiner & Reichel, Köln
Druck und Binden CPI books GmbH, Leck, Germany
Printed in Germany

www.aufbau-verlage.de

Den afghanischen Frauen

Inhalt

1 Einleitung

»Wenn du dich jemals nutzlos fühlst, dann erinnere dich daran, dass es 20 Jahre brauchte, Billionen von Dollar und vier US-Präsidenten, um die Taliban durch die Taliban zu ersetzen.« Dieser Satz, der nach dem schmachvollen und desaströsen Abzug des Westens aus Afghanistan im August 2021 in den sozialen Medien kursierte, kommt mir oft in den Sinn. Er ist zynisch, zugegeben, aber in seiner Simplizität sehr richtig. Auch wenn ich mit diesem Zitat beginne, ist dieses Buch dennoch kein zynisches geworden. Vielmehr ein Versuch, Afghanistan zu verstehen, ein Porträt der Gesellschaft zu zeichnen, aufzuzeigen, was bei der Politik des Westens in den letzten Jahrzehnten falsch lief und wie es um die Rechte der Afghaninnen und Afghanen nach der Machtübernahme bestellt ist.

Afghanistan ist ein Land, das nie zu der Einheit zusammenwachsen konnte, die ein Vielvölkerstaat braucht, damit in ihm Frieden herrscht. Verantwortlich dafür sind seine sehr komplexe Bevölkerungsstruktur, eine desolate Wirtschaft, eine patriarchalische Gesellschaft, eine gelebte islamische Alltagswelt und korrupte Politiker. »Nation Building« war eine der Parolen für den Aufbau Afghanistans, nachdem man 2001 siegestrunken die Taliban verscheucht hatte. Sie verschwanden, aber nur von der Oberfläche. Hätte man Afghanistan in seiner Ganzheit gesehen, hätte man wissen können, dass »Nation Building« kein einfacher Prozess und, wie in Afghanistan umgesetzt, auch ein erfolgloser sein würde. Es war die Afghanistanpolitik Washingtons und seiner Verbündeten, die das Land im Herbst 2021 erneut als Verlierer zurückließ. Sie wirkte insbesondere deshalb verheerend, weil nie klar war, welche Ziele die Amerikaner und mit ihnen die internationale Staatengemeinschaft überhaupt verfolgten. Waren sie Retter? Feind? Freund?

Ich bereiste Afghanistan mehrere Male, in der Zeit, als noch Hoffnung und Aufschwung herrschte. Für die Recherche dieses Buchs beantragte ich im Mai 2021 erneut ein Visum, ein Touristenvisum. Ich dachte, wenn ich ohne Kamera unterwegs bin, wäre es einfacher, auf diese Weise durchs Land zu kommen. Unauffälliger. Ich kaufte mir eine große Landkarte, zeichnete dort die Reiserouten ein, auf denen ich abermals das Land erkunden wollte. Mein Plan war es, am 11. September 2021 in Kabul zu landen. An diesem Tag sollte wie von US-Präsident Joe Biden angekündigt der Abzug der amerikanischen Truppen aus Afghanistan abgeschlossen sein. Ich hatte ja keine Ahnung, wie schnell die Taliban das Land erobern würden, noch lange vor dem 11. September.

Ich horchte erstmals auf, als im April Annegret Kramp-Karrenbauer in den Nachrichten sprach. Deutschland werde dafür sorgen, dass jede Ortskraft, jeder, der mit Deutschland zusammengearbeitet habe, inklusive seiner Familie, nach Deutschland geholt werden würde, so die damalige deutsche Verteidigungsministerin. Und weiter: »Wir reden hier von Menschen, die zum Teil über Jahre hinweg auch unter Gefährdung ihrer eigenen Sicherheit an unserer Seite gearbeitet, auch mitgekämpft haben und ihren persönlichen Beitrag geleistet haben. Ich empfinde es als eine tiefe Verpflichtung der Bundesrepublik Deutschland, diese Menschen jetzt, wo wir das Land endgültig verlassen, nicht schutzlos zurückzulassen.« In mir stiegen gleich Zweifel auf, und ich dachte mir: So wird es nicht passieren. Die NATO hatte kurz zuvor entschieden, den Abzug aus Afghanistan bis zum 1. Mai einzuleiten. Ihre Truppen verließen im Juni das Land, die Bundeswehr auch, räumte Stützpunkte, alles wirkte gehetzt. Als hätte man es kaum erwarten können. Der Krieg war für den Westen beendet. Seit Mai eroberten die Taliban das Land zurück. Distrikt für Distrikt. Und übernahmen Mitte August auch in Kabul die Herrschaft.

Sahar, eine selbstständige und emanzipierte Frau, die im Sommer 2021 ein Restaurant in Kabul eröffnen wollte und der ich in diesem Buch zwei Kapitel widme, sagt mir über diese Zeit: »Meine Freunde warnten mich schon vor Jahren: ›Wenn die Amerikaner gehen werden, dann wird es vorbei sein mit unserer Freiheit.‹ Ich habe es nicht geglaubt, ich dachte, wir hätten unsere eigenen Sicherheitskräfte; die würden die Taliban schon stoppen. Als die Taliban immer näher an Kabul rückten, war ich immer noch der Überzeugung, dass sie von irgendjemandem aufgehalten würden. Ich habe 60 000 Dollar in mein Restaurant investiert, das am 15. August eröffnen sollte. Wäre ich davon ausgegangen, dass die Taliban wirklich unser Land einnehmen, hätte ich diese Investition nicht getätigt. Ich konnte es einfach nicht fassen, hatte die Taliban noch nie aus der Nähe gesehen. Wir trafen uns täglich mit Freunden, die Taliban rückten näher, und wir saßen zusammen und weinten, wollten aber unbedingt daran glauben, dass das Unvermeidbare nicht eintritt. Am

15. August sollte es eine große Eröffnungsfeier für mein Restaurant geben. Die Nacht davor deckte ich noch alle Tische ein.«

Afghanistan sollte 2001 demokratisiert werden, nach westlichem Vorbild. An diesem Vorhaben ist der Westen katastrophal gescheitert. Eine Demokratisierung muss auf funktionierenden Institutionen aufbauen, doch die hat es in Afghanistan nie gegeben. Zwar führte man Wahlen durch, doch die waren von Vetternwirtschaft und Korruption geprägt. Man strebte eine Neukalibrierung der Gesellschaft an, ohne die Gesellschaft verstanden, ja, sich überhaupt mit ihr beschäftigt zu haben. Und man gab eben dieser afghanischen Bevölkerung auch noch das fatale Signal, Ergebnisse von Wahlen würden verändert, wenn es im Interesse der Amerikaner liegt. Und das passierte nicht nur einmal.

In erster Linie ging es der amerikanischen Regierung nicht um »Nation Building«, sondern um geopolitische Interessen und Vergeltung für den 11. September 2001 – den Tag, an dem die USA den schlimmsten Terroranschlag in ihrer Geschichte erlebten, der die Welt in eine neue Epoche katapultierte. Sie kam mit einem Ziel. Für den Rest hatte sie keinen Plan.

Nationenbildung braucht eine »kulturelle Identität« in einem geographischen Raum, heißt es laut Definition. Doch gibt es so eine gemeinsame kulturelle Identität in Afghanistan? Das Land besteht aus Dutzenden verschiedener Ethnien – das sind Gruppen von Menschen, denen eine kollektive Identität zugesprochen wird, wobei Herkunftssagen, Abstammung, Geschichte, Kultur, Sprache, Religion, die Verbindung zu einem spezifischen Territorium sowie ein Gefühl der Solidarität als Zuschreibungskriterien dienen können. Die Angaben darüber, wie viele Ethnien es genau sind, schwanken. Mehr als 30 verschiedene Sprachen sind nachgewiesen. Die zwei wichtigsten und von den meisten gesprochenen sind Dari, eine Variante des Farsi, und Paschtu die Sprache der Paschtunen. Beide Amtssprachen. Das einzige die Gesellschaft verbindende Element ist der Islam, und auch hier gibt es die Spaltung zwischen Sunniten und Schiiten. Aus dieser werde sich der nächste Großkonflikt in Afghanistan ergeben, sagt mir ein Freund in Kabul. Die afghanische Gesellschaft kennzeichnet also keine gemeinsame kulturelle Identität. Sie ist vielmehr eine von der Dominanz einzelner Ethnien geprägte, von vielen verschiedenen Machtzentren gesteuerte, zusammengeflickte Gesellschaft.

Ich fragte eine Bekannte in Afghanistan, ob ein wesentliches Problem für die Instabilität ihres Landes darin liege, dass es in Afghanistan keine verbindenden Elemente gebe, die zur Bildung einer Nation notwendig sind. Und ich fügte hinzu, dass ich deshalb überlegte, ob sich »Land ohne Nation« als Titel für mein Buch eignete. Sie antwortete höflich, aber bestimmt: »Vielleicht schreiben Sie lieber: das Land der Stämme oder Clans. Denn diese bestimmen unsere Struktur im Land. Jeder Volksstamm ist anders und alle sind voneinander getrennt. Wenn Sie schreiben ›ohne Nation‹, könnte es bei einigen Empfindlichkeiten wecken. Ich sage es Ihnen nur deshalb, damit Sie nicht kritisiert werden. Schreiben Sie lieber, es ist ein Land der Stämme.« Und dann erhalte ich noch eine Nachricht von ihr: »Aber eigentlich haben Sie recht: We did not become a nation.«

»Sehen Sie den Nagel dort an der Wand, dort hing das Bild von Präsident Ashraf Ghani«, erzählt mir der afghanische Botschafter im Oktober 2021 in Berlin. Ich beantrage gerade erneut ein Visum, dieses Mal ein Business-Visum. Unter der Herrschaft der Taliban möchte ich nicht mehr inoffiziell einreisen, dieses Mal hole ich mir auch die Erlaubnis des Media Office in Kabul ein. Es ist jetzt in der Obhut der Taliban.

»Wissen Sie, was ich als Erstes gemacht habe, als ich sah, dass unser Präsident aus Afghanistan einfach feige flüchtete?«, fragt mich der hochrangige Mitarbeiter des Außenministeriums der gestürzten Regierung, »ich übermalte sein Gesicht mit einem dicken schwarzen Filzmarker. Ich war so wütend, schließlich hängte ich dieses und alle seine Bilder von den Wänden ab. Ich habe auch eine Ehrenmedaille vom Präsidenten bekommen, die lag hier im Regal, die habe ich auch weggeschmissen.« Traurig schaut er in die Ferne, ich meine Tränen in seinen Augen zu sehen. Vor 20 Jahren hatte er sich für ein Ingenieursstudium und gegen eines der Musik entschieden, für die sein Herz schlug. »Ich wollte Ingenieur werden, um mein Land aufzubauen.« Er habe sein Leben seinem Land geopfert, umsonst. »Genug ist genug«, sagt er heute, »es reicht, wir haben so viel gezahlt, wir haben so viel gelitten.« Er war Verkehrsminister in Afghanistan, hatte Visionen. Im Jahr 2019 sei ihm klar geworden, dass sie es nicht schaffen würden. Kurz danach hatten die Amerikaner die Friedensverhandlungen mit den Taliban in Doha begonnen. »Drei Fehler wurden von Beginn an gemacht: Erstens, die Taliban wurden 2001 nicht miteinbezogen in die Regierung, die Warlords wurden zweitens nie entmachtet und bauten so ihre Imperien und Kontrollbereiche weiter aus. Der dritte Fehler war der Fokus auf den Irak-Einsatz der USA 2003 und damit einhergehend ein Truppenabzug aus Afghanistan.«

Stolz sagt mir der Sicherheitsmann an der Eingangspforte

der afghanischen Botschaft: »Sehen Sie, unsere Flagge hängt noch.« Das letzte Mal, als die Taliban die Macht in Afghanistan übernahmen, harrten die Diplomaten in den afghanischen Botschaften weltweit aus, sie wurden nie durch Taliban-Vertreter ersetzt. Bis sie 2001 nach dem Sturz der Taliban ihre Arbeit wieder aufnahmen. Ob der Botschafter denkt, dass das Taliban-Regime dieses Mal auch nur von kurzer Dauer sein würde? Und der Sicherheitsmann? Ob er darauf hofft? Sie wollen darauf nicht antworten. Doch genau an diesem Tag nehmen die Amerikaner erneut offizielle Gespräche mit den Taliban auf. Es sieht nicht danach aus, dass die Botschaftsangehörigen ihre Posten behalten werden.

Seit dem 15. August 2021 bekomme ich täglich verzweifelte Nachrichten von Frauen, die sich seit der Machtübernahme verstecken, vor den Taliban und nicht nur vor ihnen. Diese hier stammt von einer Frauenaktivistin:

»Liebe Natalie, du fragst mich, wie es mir geht, nachdem die Taliban mein Land erobert haben. Mir kommt nur eins in den Sinn: dass Afghanistan im Moment alles verloren hat. Afghanistan hatte Ordnung und System, Beziehungen mit anderen Ländern, sprich internationale Beziehungen. Afghanistan war Tag für Tag auf dem Weg der Weiterentwicklung. In Afghanistan gibt es im Moment nichts: keine Redefreiheit, keine Demokratie, keine Menschenrechte, keinen Respekt, kein Leben. Die Wirtschaft ist ruiniert. Das Leben der Menschen ist so schwierig geworden. Keiner hat mehr Hoffnung. Es gibt nicht eine einzige Nachricht, die Hoffnung bei Afghaninnen und Afghanen wecken könnte. Die Zukunft ist unsicher. Alles ist verschwommen und undeutlich. Das Leben steht still, Menschen haben aufgehört zu lachen, niemand weiß, wie es morgen weitergeht. Man weiß nicht einmal, wie es in der nächsten Stunde aussieht. Mit dieser Situation sind die Menschen in Afghanistan konfrontiert. Wir müssen alles opfern. In weit entlegenen Dörfern haben sie ein noch düstereres Leben. Verborgen vor den paar Journalisten aus dem Westen. In den Städten haben Menschen ihre Arbeit und damit ihr Einkommen verloren. Seit vier Monaten werden Gehälter nicht mehr gezahlt, viele haben inzwischen nicht einmal mehr Brot zum Essen. Früher konnte man anderen helfen, jetzt sind alle in einer Situation, in der sie keinem helfen können. Es kommt einem der Gedanke: ›Wenn ich der Person die 50 Afghani gebe, die ich noch in der Tasche habe, muss ich morgen vielleicht selbst hungern.‹ Das ist jetzt unser Alltag.

Eine Freundin von mir, die die einzige Tochter der Familie ist und diese – so wie ich auch – finanziell unterstützt, hat ihren gesamten Goldschmuck verkauft und von dem Erlös Mehl und Brot gekauft. Was soll sie nächsten Monat machen? Fast alle Frauen haben ihre Arbeit verloren, sie dürfen ihre Ausbildung nicht fortsetzen. Auch Männern wurden viele Freiheiten genommen. Generell haben die Menschen hier keine Freiheiten mehr. Wir müssen versteckt leben und dürfen unsere Stimme nicht erheben. Wenn wir sie erheben, riskieren wir unser Leben. Kein Mensch hat den Mut, über diese Zustände zu sprechen und laut zu sagen, dass dies alles ungerecht ist. Diejenigen, die in der neuen Regierung Posten bekleiden, sind weder professionell noch sind sie Experten. Die Verantwortung in allen Ämtern und staatlichen Organen ist nun Menschen überlassen, die von den Aufgaben keine Ahnung haben. Viele sagen, es herrsche seit einigen Tagen eine größere Sicherheit auf afghanischen Straßen. Was ist das denn für eine Sicherheit, wenn Menschen nicht frei reden dürfen, frei rumlaufen? Vielleicht hört man keine Schießerei mehr, aber Freiheit und Frieden bedeutet, dass jeder Mensch nach seiner Vorstellung und gemäß den Menschenrechten leben, dass man in der Stadt frei herumgehen und seine Meinung sagen kann. Wenn in einem Rechtsstaat jemand etwas Gesetzwidriges tut oder sagt, dann gibt es Gerichte und Gerechtigkeit. Hier funktionieren Gerichte jetzt so, dass wenn jemand etwas stiehlt, sein Gesicht geschwärzt wird. So was machte man vor einigen Jahrhunderten. Soll das eine gesetzliche Lösung sein, das Gesicht des Diebes schwarz anzumalen? Oder ist es gerecht, wenn man in Kandahar dem Dieb die Granatäpfel, die er gestohlen hat, um den Hals hängt und ihn mit den Sandalen auf den Mund schlägt? Sind das Menschenrechte? Nein! Aber das ist jetzt unser Leben, Natalie.

Afghanistan hat in kürzester Zeit eine rückläufige Entwicklung durchgemacht. Frauen waren frei. Nun müssen wir Frauen Burka tragen, uns komplett verhüllen. Dabei müssten Frauen gleichberechtigt sein. Im Vergleich zu anderen – selbst islamischen – Ländern haben Menschen in Afghanistan nicht die gleichen Rechte. Wir sind ein Volk, das in die Vergangenheit zurückkatapultiert wurde und ein schweres Leben vor sich hat. Frauen werden in ihren Häusern eingesperrt bleiben. Die Mädchenschulen sind geschlossen worden. Die Rechte der Frauen, die die Hälfte der Bevölkerung in Afghanistan ausmachen, und auch das Recht der Jugend auf eine Zukunft ist verloren gegangen. Die Mehrheit der Bevölkerung in Afghanistan sind Frauen. Was haben wir? Wir haben nichts mehr.

Es ist zwar richtig, dass es in der letzten Regierung Korruption gab, vielleicht gab es auch Ungerechtigkeit, aber es gab eine Ordnung. Es gab Gerichte und Rechte. Jetzt haben wir nichts. Wenn ein Land seine Flagge, seine Ordnung und seine Armee verliert, was ist das dann für ein Land? Ist das ein überlebensfähiges Land, wenn die ganze Jugend, die Elite, die gut ausgebildeten Menschen nicht in ihrem eigenen Land leben, nichts mehr zur Entwicklung des Landes beitragen und keine Minute in Frieden atmen können? Das ist kein Land.«

Ich habe dieses Buch den afghanischen Frauen gewidmet. Bevor es gedruckt wurde, fragte ich eine afghanische Freundin, ob es wie im Iran den Begriff »Shir Zan«, »Löwenfrau«, für »starke Frauen« auch in Afghanistan gebe. Sie sagte, nein, leider werden Frauen, die mutig und stark sind, mit männlichen Attributen geschmückt: »Sie war so mutig wie ein Mann.« Wenn aber ein Mann etwas Peinliches macht, sagt man ihm: »Zieh dir doch einen Tschador an.« Oder: »Trag einen goldenen Armreif.« Man schreibt ihnen Dinge zu, die Frauen ausmachen.

Das Kapitel in diesem Buch, das sich dem Kampf der Frauen widmet, ist mit Abstand das längste. Es hätte auch ein ganzes Buch werden können. Afghanistan hat viel verloren, aber die Frauen in Afghanistan haben alles verloren. Trotzdem habe ich einige kennengelernt, die nicht aufgeben werden. Sie haben sogar das Zeug zur Präsidentin. Vielleicht eines Tages …

Für dieses Land, das in den Augen meiner Bekannten in Kabul kein Land mehr ist, wurde mehr Geld für Infrastruktur und Wiederaufbau ausgegeben als mit dem Marshallplan für Europa nach dem Zweiten Weltkrieg. Es brachte weder Frieden noch nachhaltigen Wiederaufbau. In Afghanistan wurde der längste Krieg in der amerikanischen Geschichte geführt. Für die Afghaninnen und Afghanen war er nur einer von vielen.

Mein Visum ist heute angekommen. Über welchen Weg ich nach Afghanistan einreisen werde, weiß ich noch nicht. Die angrenzenden Länder wie Usbekistan, Tadschikistan, Iran und Pakistan ändern permanent die Einreisebestimmungen.

Ich möchte nicht, dass sich meine Eltern meinetwegen Sorgen machen. Deshalb erzähle ich ihnen, dass ich in ein Digital Detox Spa nach Südtirol reise, um mich etwas auszuruhen. Dabei packe ich Kopftücher und Mäntel. Auf Afghanistans Straßen, wird mir gesagt, dürfe ich mich auch als internationale Journalistin weder unverschleiert noch alleine bewegen. Das mit dem Schleier kenne ich nur zu gut aus dem Iran. Aber nicht selbstbestimmt und auf mich allein gestellt durch ein Land reisen zu können, wird mir schwerfallen.

Ich habe inzwischen einen Fixer gefunden. Fixer, Producer oder Stringer sind Einheimische, die uns Korrespondenten helfen, Termine zu organisieren, Drehgenehmigungen zu erhalten, Interviews zu vereinbaren – und diese auch zu führen, wenn man die Landessprache nicht beherrscht –, Tickets zu kaufen, Fahrer zu beschaffen. Sie können deine Arbeit durch ihr Wissen enorm bereichern. Meiner soll ein Glücksfall sein, sagt mir der dpa-Kollege, der ihn mir empfohlen hat. Mein Glücksfall schreibt mir: Er würde gerne mit mir arbeiten, sollte sich aber eine Evakuierungsmöglichkeit für ihn und seine Familie ergeben, würde es ihm leidtun, denn dann würde er fliegen. Verständlich, denke ich mir, gleichzeitig wird mir klar, dass sich diese Gelegenheit auch noch einen Tag vor meiner Anreise ergeben könnte und ich dann keinen Helfer mehr vor Ort hätte. Dann würde, schon aufgrund der neuen Freiheitsbeschränkungen für Frauen, die einen männlichen Begleiter vorschreiben, mein Glücks- zum Problemfall werden.

Afghanistan ist ein komplexes Thema. Dieses Buch wird weder eine wissenschaftliche Abhandlung noch eine historische liefern. Es wird auch keine rein politische Analyse sein. Wenn ich der Komplexität des Landes gerecht werden wollte, seiner Geschichte und geostrategischen Lage, seiner Geographie und Bevölkerungsstruktur, müsste ich jedes Kapitel zu einem Buch ausarbeiten. Dieses Buch wird eine Momentaufnahme aus Afghanistan, 100 Tage nach Machtübernahme der Taliban. Ein Buch über meine Eindrücke und mit dem Ziel, so viel wie möglich Afghaninnen und Afghanen selbst zu Wort kommen zu lassen, mit ihren sehr persönlichen Ansichten. Das war mir wichtig. *Sie* sollen Ihnen ihr Land näherbringen und nicht ich, die aus dem Westen kommt.

2 Die Liste

Als die Taliban am 15. August 2021 die Hauptstadt Kabul erobern, setze ich mit Sahar, der Restaurantbesitzerin und Frauenrechtsaktivistin aus Kabul, und anderen Helfern eine Liste von schutzbedürftigen Personen auf. »Schutzbedürftig« klingt schrecklich. Als hätten diese Frauen nicht schon viel erreicht, wären schwach und könnten sich nicht verteidigen. Dem ist nicht so. Bei Weitem nicht. Unsere Liste beinhaltet Personen, insbesondere Frauen, die keine deutschen Orts-kräfte waren, also nicht direkt in deutschen Institutionen ge-arbeitet haben. Es sind Menschen, die für Werte gekämpft haben, die auch unsere sind: Frauenrechte, Menschenrechte, Meinungs- und Pressefreiheit, Gleichberechtigung und De-mokratie. Sie alle brauchen unsere Hilfe, doch in den chao-tischen Tagen der Eroberung Kabuls denkt kaum einer an sie.

Täglich spreche ich im Spätsommer 2021 über diese Frauen, im Radio, im Fernsehen, sogar unterwegs, im Zug. Auf einer Fahrt von Saarbrücken nach Mannheim, ich be-finde mich gerade auf einer Lesereise meines Iranbuches, führe ich mal wieder ein Telefongespräch mit einer Hilfs-organisation über Evakuierungsmöglichkeiten. Inzwischen müssen sich die Schutzbedürftigen bei Bekannten im Keller vor den Taliban verstecken. Eine Frau, die mir im Zug ge-

genübersitzt, spricht mich an, sie habe mein Gespräch unfreiwillig verfolgt und würde ihnen gerne helfen, den afghanischen Frauen. Es berührt mich sehr, dass sie Interesse zeigt, helfen will.

Vielleicht ist es das, wozu ich mit diesem Buch beitragen will: dass Afghanistan nicht vergessen wird, dass wir zu den Menschen dort den Kontakt aufrechterhalten, sie nicht alleinlassen. Dass wir weiter hinsehen, begreifen, was alles schieflief – damit verheerende außenpolitische Fehler nicht wiederholt werden. Die Dame aus dem Zug hat eigentlich gerade selbst richtig viel zu tun. Ich ahne es, als ich ihre Visitenkarte lese, die sie mir auf den Tisch im ICE legt. Prof. Dr. Christine Falk, Präsidentin der Deutschen Gesellschaft für Immunologie. Wir befinden uns kurz vor der dritten Welle. Corona ist wieder in aller Munde. Und trotzdem schreibt mir Frau Falk eine Stunde nach unserer Begegnung. Ich schreibe ihr zurück, mehrmals. Dies ist die letzte Mail vor meiner Abreise nach Afghanistan.

Liebe Frau Falk,

hatte ich Ihnen auf Ihre letzte E-Mail bereits geschrieben? Ich glaube noch nicht. Dass »meine« Frauen alle einen Aufenthaltstitel aus Deutschland erhalten haben, hatte ich schon erwähnt. Nun versuchen wir, sie mit Hilfsorganisationen außer Landes zu bekommen. Das Problem ist, wer keinen Reisepass hat, nur ein einfaches Ausweisdokument, eine Tazkara, der kommt über den Luftweg nicht raus. Einen neuen Pass zu beantragen, ist eine Gefahr, weil diese Pässe jetzt die Taliban ausstellen. Aber es ist auch eine Frage der Sicherheit; erst am 26. Oktober hat der islamistische IS-Ableger Daesh-K einen Anschlag auf das Kabu-

ler Passamt verübt. Die Software im Passamt lief über Amazon Cloud. Seitdem Amazon aber keine Zahlungen mehr bekommen hat, haben sie den Service eingestellt, wird mir erzählt.

An der pakistanischen Grenze spielen sich dramatische Szenen ab, Tausende versuchen, ins Nachbarland zu gelangen. Kinder werden im Grenztunnel zerquetscht, die Menschen von den Taliban geschlagen. Es wird permanent in die Luft geschossen. Was wird diesen Menschen nur zugemutet? Sie folgen mit den eigenen Kindern an der Hand einem Treck, ohne auch nur im Ansatz zu wissen, wie es nach dem Grenzübertritt weitergehen soll.

Ich höre immer öfter von Taliban-Kommandos, die von Tür zu Tür gehen und alle suchen, die mit internationalen Institutionen gearbeitet und es nicht geschafft haben, aus dem Land zu fliehen. Es ist beängstigend, wenn du dich versteckst, und im Nachbarhaus wird laut gegen die Türe geschlagen, und du weißt nicht, ob als Nächstes deine Türe dran ist. Wir tun tagtäglich unser Bestes, um zumindest einigen zu helfen. Das Problem ist nur, es werden von Tag zu Tag mehr, die, von den Taliban gejagt, ihr Land verlassen wollen. Ich allein bekomme täglich Dutzende Anfragen, in denen um Hilfe gebeten wird. In einem Schreiben des Auswärtigen Amtes heißt es zur Liste der besonders gefährdeten Afghaninnen und Afghanen:

»Das AA hat im Rahmen der Evakuierungsmaßnahmen weitere besonders gefährdete afghanische Staatsangehörige identifiziert, und die Bundesregierung hat sich darauf verständigt, für diese Personen eine Aufnahme aus politischen Gründen nach § 22 S. 2 AufenthG zu erteilen, was durch das BMI erfolgt ist. Hierbei wurde das vorangegangene Engagement der Personen bspw. für Demokratie, Menschen- und Frauenrechte, die durch die Machtübernahme der Taliban aufgrund dieses Engagements entstandene Gefährdung und ein bestehender Deutschlandbezug berücksichtigt.«

Zwei Wochen nach der Eroberung Afghanistans durch die Taliban, am 31. August 2021, wurde diese Liste geschlossen. 2640 Menschen befinden sich darauf, that's it. Es gleicht einer Lotterie, wer es auf diese Listen schafft. Und wie sollen die Afghaninnen und Afghanen selbst zum damaligen Zeitpunkt und in dem ganzen Chaos so schnell zu der Entscheidung kommen, ihr Land für vermutlich eine lange Zeit zu verlassen? Oder für immer? Wenn wir schon monatelang überlegen, wohin wir in den Urlaub fliegen wollen. Wessen Name nach dem 31. August eingereicht wird, der hat Pech gehabt. Niemand wusste von diesem Stichtag. Hilfsorganisationen wie »Amnesty International« nicht, »Human Rights Watch« nicht. Und auch wir Journalisten nicht. Ich erfahre erst weit nach diesem Stichtag, dass es von nun an keine Möglichkeit mehr gibt, Namen weiterer Personen auf die Liste zu setzen.

So versuchte auch die Organisation »Reporter ohne Grenzen« Anfang September – bis auf einige Ausnahmen – vergeblich, die Daten gefährdeter Journalistinnen und Journalisten nachzureichen. Ihr Geschäftsführer Christian Mihr schrieb mir: »Offiziell lassen Bundesinnenministerium und Auswärtiges Amt im Moment keine weiteren Personen auf die Liste der Schutzbedürftigen. Politisch machen wir weiter Druck, dass sich das wieder ändert, aber das ist eine politische Entscheidung, und die Tatsache, dass wir nur noch eine geschäftsführende Bundesregierung haben, macht die Sache nicht einfacher. Hätten wir gewusst, dass der Stichtag der 31. August ist, hätten wir 800 Überstunden anstatt 600 gemacht. Reporter ohne Grenzen erreichen täglich Dutzende Hilferufe von Journalistinnen und Journalisten aus Afghanistan. Bis heute. Allein in den ers-

ten zwei Monaten waren es um die 12 000 E-Mails mit Hilfe-
rufen.«

»Es handelt sich um eine Liste des guten Willens«, steht später
im »Spiegel«, »die nicht in ein Asylverfahren beim Bundesamt
für Migration und Flüchtlinge führt, sondern wie bei Ortskräften direkt zu einem Aufenthaltstitel«. Paragraph 22 im Aufent-
haltsgesetz liefert dafür den nötigen Rahmen, der jedoch nicht
konkret die Kriterien nennt, unter denen man ein Recht auf die
Anwendung dieses Paragraphen hat. Es geht um »politische Interessen der Bundesrepublik Deutschland«, heißt es darin. Der
Interpretationsspielraum, wer damit gemeint ist, bleibt somit
groß.

Im November versuchen Hilfsorganisationen über das Auswärtige Amt Daten weiterer gefährdeter und schutzbedürf-
tiger Personen, insbesondere Frauen, nachzureichen. Der Sprecher des Innenministeriums, Steve Alter, gibt bekannt, es gebe
keine Verzögerungen aufgrund der Sicherheitsüberprüfung
der einzelnen Personen. Außerdem komme es nur in wenigen
Einzelfällen zu Ablehnungen oder Bedenken.

Einen Tag darauf bekomme ich von »Kabul Luftbrücke«,
einer Nichtregierungsorganisation, die bisher mehr als tausend
Schutzbedürftige mit Spendengeldern aus Afghanistan evakuiert hat, folgende Nachricht: »Das Auswärtige Amt hat eine
Liste von 130 geprüften Härtefällen beim BMI eingereicht, sie
wurden alle abgelehnt.« Außerdem wurde »Kabul Luftbrücke«
mitgeteilt: Für den Fall, dass eine Person, die eine Aufenthalts-
zusage nach § 22 erhalten hat, deutschen Boden betritt, bevor
ihre ebenfalls nach § 22 aufnahmeberechtigten Kernfamilien-
mitglieder angemeldet und genehmigt worden sind, verfällt für
jene die Möglichkeit, ein Visum nach § 22 für die Einreise nach
Deutschland zu erhalten. Sie können dann nur noch über das

Verfahren des Familiennachzuges eine Aufenthaltsgenehmigung beantragen:

Es wird ihnen nicht leicht gemacht, den Schutzbedürftigen, Schutz in Deutschland zu bekommen.

»Kam Air«, eine afghanische Fluggesellschaft, fliegt zwar wieder – aber für Wucherpreise. 1500 Euro für eine einfache Strecke Kabul – Islamabad. Bevor es die Schutzbedürftigen, die von Deutschland einen Aufenthaltstitel erhalten haben, wirklich auf einen Flug schaffen, müssen sie ein pakistanisches Visum beantragen. Dies dauert mehrere Wochen. Wochen, in denen sie jeden Tag um ihr Leben fürchten, sich verstecken. Wenn sie es dann nach Pakistan geschafft haben, verweilen die Familien manchmal Wochen in Islamabad, weil es so lange dauert, bis sie ihr Visum von der deutschen Botschaft in Pakistan ausgestellt bekommen.

Ein sehr zermürbendes Prozedere, langwierig und kostspielig. Immer mit der Angst im Nacken. Wäre es nicht einfacher, Flugzeuge zu chartern und direkt nach Deutschland zu fliegen, Visa on Arrival?

Ach ja, liebe Frau Falk, ich habe Ihnen noch nicht beschrieben, wie dadurch Familien zerrissen werden. Wie fühlt man sich, wenn man seine Eltern zurücklassen muss, ein Kind, den Partner?

Mitte November wird es kurz turbulent; der deutsche Anwaltsverein sowie mehrere Nichtregierungsorganisationen erheben schwere Vorwürfe, dass die Bundesregierung zu langsam agiere, kein politischer Wille bestehe, die Abläufe zu bürokratisch, ihre gegebenen Zusagen ohne Aufnahme nichts wert seien. Das unterste Niveau des Rechtsstaates werde unterschritten, kritisiert der deutsche Anwaltsverein. Hilfsorganisationen bleiben oft ohne Antwort auf die Frage, ob der Name der von ihnen *eingereichten Personen auf der ominösen Schutzbedürftigenliste steht oder nicht.*

Die »Kabul Luftbrücke« evakuiert im November 148 Personen in einem eigens dafür gecharterten Flugzeug. Wieso gelingt das der deutschen Regierung nicht?

Die Mehrheit der 25 000 Afghanen, denen eine Aufnahme zugesagt wurde, ist im November 2021 noch im Land. Davon sind ungefähr 20 400 afghanische Ortskräfte mit Kernfamilie. Sie haben überwiegend für das Militär und die Entwicklungshilfe gearbeitet.

Die Taliban suchen inzwischen gezielt Personen, die auf Evakuierungslisten stehen, wollen ihre Ausreise verhindern. Inzwischen sind Warnungen vor Fallen der Taliban in den geschützten Chaträumen zu lesen, über die die Evakuierung organisiert wird:

#SecurityAlert

The phone number above calls the families in #Kabul and talk in English which is a trap!

It's the #Taliban to find out which families are waiting for evacuation

SECURITY ALERT: People are getting calls saying go to Bagram airbase for evacuation. It's a trap!

People also told House #16 second street Charahi Haji yaqoob, Share Naw, Kabul is a safe house. No! It's also a Taliban trap!

Got this right now from trusted source.

Am 25. Oktober 2021 warnt die UN vor einer dramatischen Hungerkatastrophe. 22,8 Millionen Menschen leben inzwischen unter der Armutsgrenze, es gibt kein Geld, Nahrungs-

mittel werden immer teurer, auch Medikamente gibt es kaum noch. Die Hälfte der afghanischen Bevölkerung ist von akutem Hunger bedroht, die humanitäre Not steigt auf Rekordniveau.

Ehrlich gesagt, liebe Frau Falk, weiß ich gar nicht, wo man anfangen soll. Ich werde sehr bald nach Afghanistan reisen. Aufgrund der schrecklichen Not weiß man nicht, was man in den Koffer packen soll, um den Menschen zu helfen. Medikamente? Impfdosen? Kleidung? Es beginnt gerade wie jedes Jahr der bitterkalte Winter.

Insofern, liebe Frau Falk, erhellt meinen Gemütszustand alles, was Lösung und Erleichterung bringt. Gerade freue ich mich besonders darüber, wenn es interessierte Menschen wie Sie gibt, die Afghanistan nicht vergessen haben. Ein Land, das schon so oft in seiner Geschichte ins Chaos gestürzt wurde, dessen Reformen zunichtegemacht wurden.

Ich bleibe dran, verehrte Frau Falk.

Herzlich
Natalie Amiri

3 Vielvölkerstaat

Ich sitze in der Lobby eines Berliner Hotels und warte. Er
hat mir versprochen zu kommen, der ehemalige Minister für
Drogenbekämpfung in Afghanistan. Mir wurde gesagt, dass
er sehr vorsichtig sei. Nach einem längeren Gespräch frage
ich ihn nach der Bedeutung der Ethnien in Afghanistan. Er
seufzt tief und sagt, neben der Korruption sei dies wohl eines
der größten Probleme. Wenn es in Afghanistan eines Tages
zum Frieden kommen solle, dann nur, wenn die Macht und
die Güter gerecht aufgeteilt würden und nicht eine einzige
Stimme das Sagen hat. Er selbst gehört zur Ethnie der
Hazara, einer verfolgten schiitischen Bevölkerungsgruppe.

Ich habe viele verschiedene Personen in Afghanistan nach
der Rolle der Ethnizität in ihrem Land befragt:

»Ethnizität spielt eine Schlüsselrolle in Afghanistan. Unser
Hauptproblem ist Rassismus, insbesondere der drei Haupt-
ethnien, Paschtunen, Tadschiken und Hazara. Wir denken
nicht als Nation, nicht als Land, wir denken in Zugehörig-
keiten zum Stamm, zur Provinz, zur Ethnie. Jeder, der an
die Macht kommt, denkt nur an seine eigenen Leute. Und
dann machen wir immer die gesamte Ethnie für etwas verantwortlich; wenn also die Taliban etwas machen, dann sind
die Paschtunen schuld.«

»Ich bin Tadschike. Unser Präsident war Paschtune. Deshalb waren alle Staatsämter mit Paschtunen besetzt. Wann immer eine andere Ethnie zu Behörden ging, ließ man sie warten, ließ sie spüren, wer das Sagen hat.«

»Ich gehöre zu den Hazara. Auf der Straße habe ich Rassismus nie gespürt, alle waren immer sehr respektvoll und freundlich zueinander. Doch subtil kam es immer wieder zum Vorschein. Auf einer Party wollte mir ein Mädchen, das sehr stolz darauf war, Paschtunin zu sein, ein Kompliment machen. Sie sagte zu mir: Sahar, du bist wie eine Paschtunin, eine tolle Frau.«

»Eine Folge des Rassismus in Afghanistan ist die Vetternwirtschaft. Dieses Phänomen ist einer der Hauptgründe dafür, dass Afghanistan unter diesem lang anhaltenden Konflikt leidet. Vetternwirtschaft ist wie eine Glut, sie ist meist ohne Flamme, aber die Politiker fachen sie immer dann neu an, wenn sie persönliche Interessen verfolgen. Auch die Nachbarländer setzen diese Vetternwirtschaft als Waffe ein, um ihre Ziele in Afghanistan zu erreichen.«

Diese Zitate sind alle subjektive Sichtweisen, Meinungen und Erfahrungen von Afghaninnen und Afghanen, die ich vor Ort nach ihren Einschätzungen gefragt habe. Sie geben aber ein authentisches Bild der Stimmung in der Gesellschaft wieder.

Die Multi-Ethnizität Afghanistans ist vor allem dadurch entstanden, dass Afghanistan bereits von der Antike an und später vor allem durch die mongolische Expansion zum Durchzugsgebiet wurde, in dem verschiedene Ethnien sesshaft wurden.

Es gibt Paschtunen, Tadschiken, Hazara, Usbeken, weitere Ethnien wie die Aimaken, die Turkmenen und die Belutschen. Mit der afghanischen Verfassung von 2004 wurden mehr als ein Dutzend Ethnien anerkannt. Sie scheinen sich nur oft gegenseitig nicht anzuerkennen, zumindest war das mein Eindruck bei Dutzenden von Gesprächen. Die afghanische Bevölkerung ist sehr heterogen. Die ethnische Vielfalt erklärt sich auch aus der Geographie einer zerklüfteten Bergwelt. Immer wieder lese ich, dass die Paschtunen mit um die 40 Prozent die größte Bevölkerungsgruppe darstellen. Sie befinden sich mehrheitlich im Süden; im Osten und Westen stellen die Tadschiken (25–30 Prozent) die Mehrheit; im Nordosten und Zentralafghanistan leben die Hazara (10 Prozent). Ein Kollege von der »ZEIT« hat mich zu recht vor Zahlenangaben aus Afghanistan gewarnt, doch will ich den Lesenden nicht ganz ohne ein Gefühl für die Größe der einzelnen Ethnien zurücklassen.

Die Heterogenität der Gesellschaft spiegelt sich auch in der Sprachenvielfalt wider. Es gibt eine gefühlt durch die Mitte des Landes gehende Trennlinie zwischen Paschtu im Süden und Dari im Norden. Neben diesen beiden Amtssprachen werden Usbekisch, Turkmenisch, Nuristani, Pashai und Belutschi sowie weitere Sprachen und Dialekte gesprochen. Der Bonner Friedens- und Konfliktforscher Conrad Schetter schreibt, dass der afghanische Vielvölkerstaat nicht schon immer ein Problem darstellte: »Ein Rückblick in die afghanische Geschichte verdeutlicht, dass das Bewusstsein, einer ethnischen Gruppe anzugehören, erst im Zuge der Nationalstaatsbildung geschaffen wurde und Ethnizität erst im Verlauf des seit 1979 andauernden Afghanistankriegs allmählich als Instrument der politischen Auseinandersetzung an Bedeutung gewann.«

Durch die Kooperation mit der Kolonialmacht England im 19. Jahrhundert haben die Paschtunen die Macht in Afghanistan übernommen – und sie seitdem behauptet. Sie schrieben seit 200 Jahren die Geschichte des Landes. Das persische Wort »Afghan« bezog sich ursprünglich nur auf die Paschtunen.

Afghanistan entstand 1747, als sich der Paschtune und persische Offizier Ahmad Shah Durrani vom persischen Reich lossagte und ein afghanisches Emirat gründete. Danach waren alle Emire und Schahs Paschtunen und gehörten dem Stamm der Durrani an. Die paschtunische Staatsgründung bildet einen wesentlichen Legitimationsfaktor des paschtunischen Führungsanspruchs.

»Keine der ethnischen Gruppen ist in der Mehrheit. Eigentlich. Doch die Könige – Paschtunen – haben Hofberichterstatter beauftragt, über die Paschtunen als die größte, die mächtigste Ethnie zu schreiben. Um diese Lüge aufrechtzuerhalten, haben es die Machthaber stets vermieden, eine Volkszählung durchzuführen«, schreibt Sima Samar, die Ende 2001 erste Frauenministerin im Kabinett Karzai wurde, im »SPIEGEL«. Bis heute hat sie die Leitung der unabhängigen afghanischen Menschenrechtskommission inne. Beobachter von »Minority Rights Group International« geben Samar recht. Unter den knapp 40 Millionen Afghanen gibt es keine ethnische Gruppe, die über eine entscheidende Mehrheit verfügt. Das hat auch zur Folge, dass grundsätzlich alle Gruppen mit ethnischer Verfolgung rechnen müssen, wenn auch manche weniger als andere.

In den letzten 40 Jahren benutzten sämtliche an Kriegen beteiligte Parteien zunehmend das ethnische Konfliktpotenzial, um ihre Position zu stärken – im In- und Ausland. Wie extrem die Gegensätze sind, erfahre ich in einem Gespräch mit einer jungen Afghanin aus Kabul. Sie wartet darauf, evakuiert zu werden, weil sie für die Rechte von Frauen eingetreten ist und Drohbriefe der Taliban erhalten hat. Eine eigentlich aufgeschlossene, moderne Frau. Doch einige ihrer Ausführungen würden wir in Deutschland als fast schon rassistisch einordnen. Umso deutlicher zeigt sich hier aber ungeschönt das Konfliktpotenzial:

»In Afghanistan gibt es viele Völker. Die einflussreichsten Ethnien sind Paschtunen, Tadschiken, Usbeken und Hazara. Die Minderheiten sind Turkmenen, Hindus, Pashai und viele andere. Wie Sie wissen, sind die Amtssprachen in Afghanistan Dari und Paschtu. Paschtu sprechen nur Paschtunen, Usbeken sprechen Usbekisch, Hazara und Tadschiken sprechen Dari, deren Dialekte sind aber wieder unterschiedlich. Auch kulturell gibt es zwischen uns Unterschiede. Paschtunen sind sehr auf Ehre bedacht. Sie sind auch sehr streng und konservativ, insbesondere, was ihre Frauen und Töchter betrifft. Dann kommen die Tadschiken. Und die Hazara sind im Vergleich zu Tadschiken, Usbeken und Paschtunen freizügiger. Hazara sind fleißige und weitgehend liberalere Menschen. Ihre Frauen genießen mehr Freiheiten.

Was Sprache und Kultur betrifft, muss ich sagen, dass leider alle Ethnien einigermaßen fanatisch sind. Ich bin selbst Paschtunin und bin im Iran zur Schule gegangen. Erst Ende 2012 kam ich nach Afghanistan. Daher kann ich kein Paschtu und spreche nur Dari, das dem iranischen Farsi ähnelt. An der Uni habe ich am eigenen Leib gespürt, welche Bedeutung die Sprache in Afghanistan hat. Hier in Kabul sind die meisten Menschen Tadschiken und sprechen Dari. An die Uni kommen Studierende aus allen Regionen des Landes. Wenn jemand seinen Dialekt gesprochen hat oder wenn ein

Dozent auf Paschtu referierte, dachten die anderen, er sei fanatisch, weil er unbedingt seine eigene Sprache sprechen wollte. Alle fragten sich, warum er nicht Dari spricht. Dabei hatte er einfach nur seine eigene Sprache gesprochen. Also: Ein Paschtune kann unter Umständen als fanatisch bezeichnet werden, wenn er einfach nur Paschtu spricht. Weil man selbst kein Paschtu spricht. Diejenigen, die Dari sprechen, wollen aus Stolz kein Paschtu lernen, und weil es eine komplexe Sprache ist.«

In Afghanistan musste ich auch erkennen: Es ist nicht nur Stolz. Viele Afghanen wollen Paschtu nicht sprechen, weil diese die Sprache der Taliban und für sie mit unermesslichem Leid verbunden ist.

Auch sonst decken sich manche Aussagen der jungen Afghanin nicht ganz mit meinen Erfahrungen in Afghanistan. Ich spreche Dari, hätte aber die Interviews nicht ohne einen Übersetzer führen können. Paschtu und Dari sind zwar indogermanische Sprachen, aber so unterschiedlich, dass man sich gegenseitig nicht versteht. Fast alle Taliban, die ich traf, sprachen lediglich Paschtu. Wobei ich mir die Frage stellte: Wie soll man ein Land führen, wenn man einen Großteil seiner Bevölkerung nicht versteht? Und auch Ethnien sich unter sprachlich nicht verstehen?

Die junge Frau führt weiter aus: »Kulturell sind die Hazara leichter vom Westen beeinflussbar. Die Hazara stehen dafür in der Kritik, dass sie ihre eigene Kultur schnell aufgeben. Die positive Eigenschaft der Hazara ist, wie ich Ihnen bereits gesagt habe, dass sie sehr fleißig sind. Sie legen keinen Wert darauf, was die anderen über sie sagen. Die anderen Ethnien sind auch fleißig, aber die Hazara arbeiten besonders hart, damit sie die besten Noten bekommen, gute Jobs und hohe Posten in der Verwaltung erlangen. Sie wollen schick wohnen und schöne Kleider anziehen. Und sie brechen mit zahlreichen Tabus unserer Gesellschaft: Viele ihrer jungen Frauen modeln, sind progressiv, beschreiten neue Wege.

Ich möchte Ihnen noch meine persönliche Erfahrung mitteilen. Die Menschen in Afghanistan haben trotz allem eine enge und freundschaftliche Beziehung zueinander. Dabei ist es von Vorteil, dass wir zu 50 Prozent eine junge Bevölkerung haben, denn die jungen Menschen arbeiten gut zusammen. Sie freunden sich viel schneller an. Volkszugehörigkeit oder Sprache stellen für sie immer seltener ein Problem dar. Egal, wo ich war, ob in Kabul oder in den Provinzen, ich wurde nie auf meine paschtunische Identität reduziert. Man heiratet sogar untereinander. In Kabul habe ich viele Hazara-Freundinnen, die Paschtunen oder Tadschiken geheiratet und eine Familie gegründet haben.

Das Problem sind unsere Politiker. Egal, wer an der Macht war, er hat sich und seine Ethnie in den Vordergrund gerückt und sie bevorzugt behandelt.«

Meine Reise nach Afghanistan rückt näher. Auf keinen Fall im Hotel übernachten, warnen mich Kollegen. Sie haben recht. Hotels wie das »Serena« waren früher Angriffsziel der Taliban. Jetzt, da sie die Gastgeber sind, nicht mehr. Dafür sind sie Ziele des Daesh-K, dem afghanischen Ableger der Terrororganisation Islamischer Staat.

Ich genoss es, während meiner vergangenen Reisen in Afghanistan im »Serena« zu übernachten. Es ist im orientalischen Stil gebaut, sehr edel, eine Unterkunft, die einem ein Afghanistan mit Wellnessfaktor vorgaukelt. Eigentlich pervers, wenn man die Situation außerhalb der Hotelmauern betrachtet, auch vor der Machtübernahme der Taliban. Solche

Hotels gehörten zur schicken Kabuler Expat-Blase. Man hielt sich gerne untereinander auf, in hippen Cafés, geführt von Afghanen, die oft aus dem Ausland zurückgekommen sind.

Eigentlich wollte ich bei dieser anstehenden Reise bei einem guten Freund von Sahar, der Restaurantbesitzerin, übernachten. Er war Botschafter unter der Regierung Ghani. Ein Mann, der Monate zuvor noch großen Einfluss in Afghanistan hatte. Und heute? Er schickt mir eine Sprachnachricht. Es tue ihm leid, er könne mich nicht beherbergen. Seine Familie sei gerade nicht im Land, er allein zu Hause, und die Taliban würden nicht dulden, dass eine Frau bei ihm übernachtet. Ein kurz zuvor mächtiger Mann konnte nicht mehr selbst bestimmen, wer ihn besuchen darf.

Es ist der 10. November, am 21. fliege ich. Die afghanische Fluggesellschaft »Kam Air« fliegt wieder über Abu Dhabi oder Dubai, wird mir gesagt. Kollegen mussten seit der Machtübernahme der Taliban über den Landweg nach Afghanistan einreisen. Eine Journalistin blieb auf ihrer Rückkehr über Usbekistan hängen, weil die Usbeken die Grenze ohne Vorwarnung geschlossen hatten. Ihr Visum für Afghanistan lief ab, sie musste zurück nach Kabul und dort ihren Aufenthalt verlängern. Ob sie im Moment immer noch in Kabul sitzt? Dass es wieder Flüge gibt, ist für mich eine große Erleichterung. Einen Rückflug bekomme ich noch nicht. »Kam Air« vergibt sehr kurzfristig Plätze. Das macht mir Sorgen. Und wo ich wohnen werde, weiß ich immer noch nicht.

4 Unbesiegte Verlierer

Das Trauerspiel von Afghanistan

Der Schnee leis stäubend vom Himmel fällt,
Ein Reiter vor Dschellalabad hält,
»Wer da!« – »Ein britischer Reitersmann,
Bringe Botschaft aus Afghanistan.«

Afghanistan! Er sprach es so matt;
Es umdrängt den Reiter die halbe Stadt,
Sir Robert Sale, der Kommandant,
Hebt ihn vom Rosse mit eigener Hand.

Sie führen ins steinerne Wachthaus ihn,
Sie setzen ihn nieder an den Kamin,
Wie wärmt ihn das Feuer, wie labt ihn das Licht,
Er atmet hoch auf und dankt und spricht:

»Wir waren dreizehntausend Mann,
Von Kabul unser Zug begann,
Soldaten, Führer, Weib und Kind,
Erstarrt, erschlagen, verraten sind.

Zersprengt ist unser ganzes Heer,
Was lebt, irrt draußen in Nacht umher,
Mir hat ein Gott die Rettung gegönnt,
Seht zu, ob den Rest ihr retten könnt.«

Sir Robert stieg auf den Festungswall,
Offiziere, Soldaten folgten ihm all',
Sir Robert sprach: »Der Schnee fällt dicht,
Die uns suchen, sie können uns finden nicht.

Sie irren wie Blinde und sind uns so nah,
So laßt sie's hören, daß wir da,
Stimmt an ein Lied von Heimat und Haus,
Trompeter blast in die Nacht hinaus!«

Da huben sie an und sie wurden's nicht müd',
Durch die Nacht hin klang es Lied um Lied,
Erst englische Lieder mit fröhlichem Klang,
Dann Hochlandslieder wie Klagegesang.

Sie bliesen die Nacht und über den Tag,
Laut, wie nur die Liebe rufen mag,
Sie bliesen – es kam die zweite Nacht,
Umsonst, daß ihr ruft, umsonst, daß ihr wacht.

Die hören sollen, sie hören nicht mehr,
Vernichtet ist das ganze Heer,
Mit dreizehntausend der Zug begann,
Einer kam heim aus Afghanistan.

Theodor Fontane

Theodor Fontane war 1857 Auslandskorrespondent in London, als er die Afghanistan-Invasion der Briten – Brennpunkt der damaligen Weltpolitik – in seiner Ballade kritisierte. Großbritannien war bis dato in seiner Kolonialgeschichte noch nie so geschlagen und gedemütigt worden. Fontane beabsichtigte nicht, die Briten zu bemitleiden. Der Titel nimmt auf das »Great Game« Bezug, den geopolitischen Wettstreit zwischen Briten und Russen um Zentralasien. Aus dem »Großen Spiel« wurde ein »Trauerspiel«. Mit 70 000 Mann waren die Briten einmarschiert, ein einziger überlebte. Aber auch nur, um den Briten die Nachricht ihrer Niederlage zu überbringen. Ein bis heute immer noch gebräuchliches englisches Sprichwort stammt aus dieser Zeit: »Gott schütze uns vor der Rache der Afghanen.«

Sie hätten es wissen müssen. Schon Alexander der Große sagte: Es ist leicht, nach Afghanistan reinzukommen, aber unmöglich, sein Heer wieder rauszubringen.

Den Sowjets ging es über ein Jahrhundert später in Afghanistan nicht anders als den Briten. Auch ihnen gelang es nicht, das Land in fast zehn Jahren unter ihre Kontrolle zu bringen. Auch sie mussten am Ende abziehen. Ihr Plan, als Reaktion auf die Gründung der Islamischen Republik Iran ein sozialistisches Brudersystem aufzubauen, scheiterte. Raus kamen auch die Sowjets nur zu einem sehr hohen Preis.

Ich sehe und lese über diese Zeit Dokumentationen, Texte, Bücher. Und überwiegend werden darin die gefallenen russischen Soldaten, Verwundeten, Veterinäre thematisiert. Gezeigt wird ihre Verzweiflung, ihre Wut. Ihr Tod geht einem nah, bekommt ein Gesicht, weil wir ihre Verwandten hören, die Eltern, die Witwe. Doch wo sind die afghanischen Opfer? In einer Dokumentation hieß es: Es sind 15 000 russische Soldaten gefallen (wobei andere Schätzungen diese Zahl verdoppeln). Viel später wurde hinzugefügt: 220 000 Opfer gab es auf der afghanischen Seite. Wieso wurde diese bedrückend große Zahl nicht zuerst genannt? Immer wieder liest man als Schlagzeile »Afghanistan – Friedhof der Imperien«. Doch dieser Ausdruck spiegelt die historische Realität nicht wider, die wahren Opfer ausländischer Invasionen im Laufe der Jahrhunderte waren die Afghanen. Sie waren unbesiegte Verlierer.

Die afghanischen Gegner der Sowjets kämpften in den 80er-Jahren mit westlicher Hilfe: Washington lieferte über Pakistan Waffen, baute mit dem afghanischen Nachbarstaat eine Kooperation auf, die bis heute anhält und die man womöglich noch bereuen wird. Über den neuen strategischen Partner flossen, gesponsert von der CIA, Milliarden Dollar nach Afghanistan, um Kämpfer zu trainieren, sie mit Waffen auszustatten und gegen die Russen kämpfen zu lassen. Die Mudschaheddin wurden zu den Handlangern der USA im Kalten Krieg, der in Afghanistan ein heißer wurde. Nach dem Abzug der Sowjetarmee versank das Land im Bürgerkrieg. Drei Jahre später waren die Taliban an der Macht. Ein Preis, den die afghanische Bevölkerung neben den Kriegsverlusten nun auch noch zu zahlen hatte.

Die Kollegen aus dem ARD-Studio Moskau führten am 12. 09. 2021 ein Interview mit Boris Podoprigora, der damals als Militärübersetzer dabei war, als die Russen fluchtartig Afghanistan verließen. Er war vom russischen Geheimdienst beauftragt worden, den Abzug mitzuorganisieren. Über den Abzug der Amerikaner im August 2021 sagte er meinen Kollegen: »Verstehen Sie, ich rede hier nicht mit Ihnen, um die Amerikaner fertigzumachen. Aber ihr Fehler war strategisch.

Sie haben von Anfang an nicht gewusst, in was für ein Land sie da reingehen. Auch wir haben das damals vielleicht nicht ganz verstanden, aber nach so vielen Jahren wussten wir wenigstens, wie man da vernünftig wieder rauskommt.«

Auch wenn sie besser aus Afghanistan herauskamen als die Amerikaner, brannte sich die Niederlage in das kollektive Gedächtnis der Russen ein. Friedrich Haas, der lange Jahre als Berater in Auslandseinsätzen für die Bundeswehr tätig war, schreibt mir: »Es ist unstrittig, dass die Niederlage der Roten Armee schon vor dem Abzug klar und eine große Desillusionierung, ein Schock war.« Während des Zerfalls der UdSSR in den 90er-Jahren führte Haas viele Gespräche mit ehemaligen Offizieren, die in Afghanistan stationiert waren. Sie erzählten ihm davon, wie sie von Bergbauern geschlagen und vorgeführt wurden und wie beschämend das für sie war. »Was sollte uns erst blühen, wenn wir in Polen, der DDR oder Ungarn militärisch eingegriffen hätten? Wir hatten doch erlebt, wie das endet, wenn die Bevölkerung gegen dich ist.« Diese Aussagen lassen erkennen, was für ein Trauma Afghanistan bei den Besatzern hinterließ, so tief sitzend, dass es womöglich den Verlauf des Ost-West-Konflikts maßgeblich beeinflusste.

Die Mudschaheddin waren Ende der 80er-Jahre die Gewinner, für den Moment. Die russische Armee zog 1989 ab. Doch mit ihrem Abzug waren die Kämpfe nicht beendet, im Gegenteil: Nun begann ein brutaler Bürgerkrieg zwischen den Truppen der kommunistischen Regierung Afghanistans und den Mudschaheddin, die wiederum untereinander entsprechend ihrer ethnischen Zugehörigkeit verfeindet waren. Kabul wurde dabei dem Erdboden gleichgemacht. Zehntausende Zivilisten kamen ums Leben. Hunderttausende flohen.

Die intervenierenden US-Truppen nach 2001 kämpften zusammen mit den Mudschaheddin der Nordallianz gegen die Taliban. Damit setzten die USA auf Partner, deren Gewaltherrschaft die Hauptursache für den Aufstieg ihrer Gegner gewesen war, die Taliban. Zudem hatten sich die Mudschaheddin durch ihre Gräueltaten in den Bürgerkriegen nach 1992 in der Bevölkerung diskreditiert. Dennoch wurden ihre Milizen von den USA finanziert, danach aber nicht wie vorgesehen entwaffnet und aufgelöst. Die US-Gelder flossen meist in den Drogenhandel. Aber auch Immobiliengeschäfte und Import und Export gerieten in die Hand von den Mudschaheddin. So, militärisch und wirtschaftlich erstarkt, konnten sie die ersten Wahlen 2004/05 beeinflussen und die neuen demokratischen Institutionen übernehmen.

»Die Mudschaheddin missbrauchten den Islam als Machtinstrument, so empfinden es viele in Afghanistan«, erzählt mir ein Bekannter in Kabul. »Ihre Herrschaft in den frühen 90er-Jahren war die schlimmste Zeit in Afghanistan. Sie zerstörten die Basis des Landes: Regierung, zivile Einrichtungen, das Militär, sie hungerten das Land aus. Die afghanischen Warlords vergewaltigten Frauen, beraubten und enteigneten die Bevölkerung. Das Land fiel auseinander.«

Die sunnitischen Taliban tauchten erstmals 1994 auf. Sie bestanden teils aus ehemaligen Mudschaheddin, aber vor allem aus in pakistanischen Religionsschulen rekrutierten Exil-Afghanen. 1996 nahmen sie Kabul ein und setzten sich somit im Machtkampf gegen die Mudschaheddin durch. Sie wurden auch von Saudi-Arabien finanziert, um ein sunnitisches Bollwerk gegen den 1979 gegründeten schiitischen Gottesstaat, die Islamische Republik Iran, zu bilden. Es war nicht schwer, die Macht zu übernehmen. Der Staat war kollabiert, mehr als ein Viertel der Afghanen entwurzelt, eine Million Menschen gestorben. Die Taliban hatten folgende Ziele: Entwaffnung der Bevölkerung, Frieden, die Durchsetzung des Islamischen Rechts. Ihr Anführer war Mullah Omar. »Zunächst waren die Taliban gute Menschen«, sagte der ehemalige Präsident Hamid Karzai einmal in einem Interview. Doch dann seien sie vom pakistanischen Geheimdienst ISI (Inter-Services Intelligence) infiltriert worden, wurden immer radikalislamischer und fundamentalistischer. Sie übernahmen dann schließlich die Philosophie des globalen Dschihad von al-Qaida, dem von Osama bin Laden 1988 gegründeten Terrornetzwerk. Bin Laden hatte die Taliban-Kämpfer mit Geld und Rat versorgt. 1996 lud ihn Mullah Omar ein, in Kandahar zu leben. Die Amerikaner sahen zu diesem Zeitpunkt noch zu.

»Die Taliban waren die extremistischere Version der Mudschaheddin. Sie zerstörten die Identität der Afghanen, machten die Menschen zu Extremisten. Kulturell und religiös sorgten sie für fundamentalistischen Nährboden«, sagt mir ein afghanischer NGO-Mitarbeiter aus Kabul. Ich frage ihn, wo sich die intellektuelle Elite aufhielt, ob sie das Land verlassen hatte? »Sag nicht Elite«, erwidert er, »für uns ist Elite zu einem Schimpfwort geworden, sie besteht aus all den Schuldigen der letzten drei Jahrzehnte: den Warlords, Kriminellen, korrupten Menschen, der Regierung, die den IST-Zustand Afghanistans herbeigeführt haben.«

Eines zieht sich konstant durch die afghanische Geschichte, und das ist der unbedingte Unabhängigkeitswille der Afghanen. Großmächte haben ihn immer wieder zu brechen versucht. Afghanistan wird oft als »Durchgangsland« beschrieben. »Aber wissen Sie was«, sagt mir die Frauenrechtlerin Mahbouba Seraj, »wir Afghanen machen uns nicht besonders gut als besetztes Land.« Seraj wurde 2021 vom »Time Magazine« zu einer der 100 einflussreichsten Personen der Welt gezählt. Sie hat als eine der wenigen Frauenrechtlerinnen, die in der Öffentlichkeit standen, im Sommer nach der Machtübernahme der Taliban ihr Land nicht fluchtartig verlassen, obwohl sie einen amerikanischen Pass hat: »Das ist meine Heimat und ich will hier sein, Afghanistan ist mein Land. Ich möchte sehen, was jetzt hier passiert. Ich bin gerade auch froh und hoffe, dass meine Mitstreiterinnen bald zurückkommen und es sehen werden: Afghanistan ohne die Großmächte ist kein so schlechter Platz, Kabul ist gerade ziemlich schön. Ich habe die Präsenz der internationalen Truppen all die Jahre wie eine ständige Last auf meiner Brust gefühlt. Und dann lacht sie: »Ich sage ja schon immer, wir sind nicht gut darin, besetzt zu sein. Wir sind besser, wenn wir frei sind.«

5 Nine Eleven – Die Macht der Bilder

»Eine Sache darf man nicht vergessen: Dies war der Krieg der USA. Die Zerstörung durch 9/11 zwang die westlichen Länder, dem Ruf der Vereinigten Staaten zu folgen, in den Krieg zu ziehen«, sagt mir der Enkel des letzten Königs von Afghanistan in Kabul. Sardar Naeem ist sicher: Der Westen hat sich vor den Karren der USA spannen lassen.

Nach den verheerenden Terroranschlägen vom 11. September 2001 rief die NATO Anfang Oktober den Bündnisfall aus. Es war das erste Mal, dass die atlantische Allianz Artikel 5 aktivierte. Darin heißt es, dass es eine kollektive Verpflichtung gibt, jeden Mitgliedsstaat zu verteidigen, der angegriffen wird. Die USA wurden angegriffen, und die NATO zog in den Krieg. Afghanistan war das erste Ziel im Krieg gegen den islamistischen Terror, um die verheerenden Angriffe auf die USA zu vergelten, die das Land und die Welt in Schock versetzten.

Um 8:46 Uhr morgens prallte am 11. September 2001 eine Boeing 767 mit 780 Kilometern pro Stunde in den Nordturm des World Trade Centers. Zwischen Etage 94 und 98. Um 9:03 Uhr raste die nächste Maschine ins World Trade Center und explodierte in einem Feuerball. Nichts hätte die USA, die westliche Welt massiver treffen können. Das Symbol für Amerikas Dominanz im Welthandel war zerstört. Vor den Augen der Welt stürzte die Ikone des Kapitalismus zusammen. Die dritte Maschine raste um 9:37 Uhr ins US-Pentagon. Die vierte befand sich auf dem Weg – ihr Ziel ist bis heute nicht bekannt – und stürzte ab.

Die Amerikaner wurden überrascht, der längste Krieg der USA hatte unerwartet begonnen, und der Feind war kaum bekannt. Aus einem weit entfernten Land, über das man kaum etwas wusste, operierten die Hintermänner der Terroristen, die ihre Angriffsziele nicht zufällig ausgewählt hatten. »Gute Bilder zu bekommen, ist das beste Propagandainstrument, das man überhaupt haben kann. Und das war Osama bin Laden sehr bewusst. Die Bilder der brennenden und dann einstürzenden Zwillingstürme wurden von Osama bin Laden gefeiert, als er sie zum ersten Mal sah. Das war im Grunde alles, worauf al-Qaida viele Jahre hingearbeitet hatte. Die Bilder von 9/11 sind ikonographisch geworden, im Grunde für das gesamte 21. Jahrhundert«, urteilt Stephan Bierling, Professor für Internationale Politik in Regensburg, in einem Interview, das ich mit ihm führe.

Knapp 3000 Menschen kamen bei den Terroranschlägen auf die USA ums Leben. Ausgeführt hatten sie 19 Mitglieder der radikalislamischen Terrororganisation al-Qaida. Nur wenige Stunden nach den Anschlägen wusste man: Die Spur der Attentäter führte nach Hamburg. Mohammad Atta, der Student aus Ägypten, gilt als Kopf der Anschläge. Er war in Hamburg an der Universität eingeschrieben. Hier studierte er Städteplanung, hier plante er die Terrorakte. Der Mann, der das erste Flugzeug in den Nordturm des World Trade Towers steuerte, hatte sich gut vorbereitet. »Damals gab es einen Gemeinschaftskurs der TU Hamburg mit der TU Harburg und der Hochschule. Es ging um diverse Objekte wie Hochhäuser, aber auch Brückenbau. Mein Kurs beinhaltete die Statik der Türme des World Trade Centers. Und Atta saß vor mir«, erzählt mir Jahre später ein befreundeter Architekt, der aus erklärlichen Gründen nicht namentlich genannt werden möchte.

»Die Bilder sind von einer solchen Wucht und Dramatik gewesen, dass im Grunde die ganze amerikanische Nation nicht drüber hinwegkommt, bis heute. Die Welt ist über diese Bilder nicht hinweggekommen. Es war das erste Mal seit 1814, dass Amerika auf dem Festland angegriffen und massiv zerstört wurde. Es war das erste Mal in der Geschichte Amerikas seit 1814, dass Tausende Amerikaner durch einen auswärtigen Feind im eigenen Land getötet wurden. Und das erforderte ganz einfach eine starke Reaktion. Man musste auf diese angestauten Emotionen reagieren«, so ordnet Bierling die Invasion der Amerikaner und ihrer Verbündeten ein.

Noch am Abend des 11. September äußerte sich US-Präsident George W. Bush in einer Pressekonferenz: »Wir werden keinen Unterschied zwischen den terroristischen Tätern und denjenigen machen, die ihnen Unterschlupf gewähren.« Damit war nicht nur rhetorisch der Weg bereitet für einen Krieg in Afghanistan. Die USA machten sich damit die Taliban zu Feinden, obwohl sie von al-Qaida angegriffen wurden. Sie legten sich mit einem arabischen Netzwerk in Afghanistan an. Vermischten Taliban und al-Qaida, die eher zufällig dort ihren Anführer versteckten. Weder war ein Afghane an den Terroranschlägen beteiligt noch gab es Beweise, dass die Taliban von den Anschlägen im Vorfeld wussten. Man hätte mit den Taliban sprechen müssen, heißt es heute nicht von wenigen Kritikern des Afghanistan-Einsatzes.

»Einer der unglücklichen Irrtümer nach 9/11 war, dass wir

vor lauter Rachegelüsten gegen die afghanischen Regeln der Kriegsführung verstießen: Wenn eine Seite gewinnt, legt die andere Seite die Waffen nieder und söhnt sich mit dem Sieger aus. Und genau das wollten die Taliban tun«, sagt Todd Greentree, ein Mitarbeiter des Foreign Service, einer der wenigen Kenner der Region in den US-Reihen.

In Kabul frage ich im November 2021 Taliban-Sprecher Zabihullah Mujahid, ob es vor 20 Jahren möglich gewesen wäre, bin Laden an die Amerikaner auszuliefern, so dass eine Invasion in Afghanistan hätte verhindert werden können. Der Taliban-Sprecher antwortet mir: »Nein, aber wir haben angeboten, ihn vor unser eigenes Gericht zu stellen. Beziehungsweise ihn einem Gericht zu übergeben, wenn es ein Verfahren von drei islamischen Ländern gegeben hätte. Aber die Amerikaner haben dies nicht akzeptiert.«

»Das Angebot der Taliban, Osama bin Laden vor ein eigenes Gericht zu stellen, war für die Amerikaner keine Option«, sagt auch USA-Kenner Bierling. »Das, was die Taliban versuchten, war im Grunde, auf Zeit zu spielen. Und die Gerichtsverhandlungen sollten natürlich, und das sind wir von den Taliban gewöhnt, nach Scharia-Recht stattfinden. Laut Scharia ist das Töten von Ungläubigen ja nicht nur erlaubt, sondern manchmal sogar Pflicht. Es gab eine ganze Anzahl von Fatwas, die im Grunde auch immer wieder bin Laden zitierten, um seinen Kampf mit blutigsten Mitteln zu legitimieren. Das heißt, was Mullah Omar damals anbot, konnte von den Amerikanern nicht wirklich in Betracht gezogen werden. Es gab keine Überstellung an einen internationalen Gerichtshof, der unabhängig hätte urteilen können, sondern es war allein der Versuch, die Amerikaner von der schnellen Reaktion abzubringen.«

Und die kam. Mit der Operation »Enduring Freedom« begann am 7. Oktober die militärische Intervention in Afghanistan. Die Wut und das Entsetzen über die Terrorangriffe auf die USA waren so immens, dass fast alle hinter dem Einsatz in Afghanistan standen. Der US-Kongress erteilte nach drei Tagen die Erlaubnis, einen Krieg zu führen – gegen al-Qaida und jeden Staat, der sie unterstützt.

Bierling erinnert sich an die Anfänge: »Man muss sich immer wieder vergegenwärtigen, dass die Amerikaner am Anfang nur ein paar Spezialeinheiten abgesetzt hatten und hauptsächlich über die Nordallianz die Talibanherrschaft stürzten. Ihre Verbündeten konnten mit der US-Oberhoheit über die Luft die Taliban im Grunde sehr schnell schlagen, ohne dass formale Landetruppen, die Marines oder das Heer am Boden hätten aktiv werden müssen. Das hatte einen großen Vorteil; man konnte es sehr schnell machen, man konnte es ohne große Verluste an amerikanischen Menschenleben durchziehen und man konnte in dem Land sozusagen einen schwachen Fußabdruck hinterlassen. Man würde so nicht zum Ziel irgendeiner Vergeltung.«

»Wäre dieser schwache Fußabdruck im Nachhinein nicht besser gewesen? Hätte man es nicht dabei belassen sollen?«, will ich von Bierling wissen.

»In der Tat, das ist eine große argumentative Linie, die sagt: Alles, was wir danach versucht haben, nämlich Afghanistan nicht wieder wie nach 1990 seinem Schicksal und damit den Taliban zu überlassen, sondern wirklich aufzubauen, war einfach zu viel. Ja, es fielen große Worte wie Demokratie, Aufbau, »Nation Building«, doch dies alles anzustreben, überstieg sogar die Kräfte einer Supermacht, es überstieg die Durchhaltekraft von Demokratien. Schnell rein, al-Qaida erledigen – die waren rasch völlig zerschlagen, und die Taliban waren ja weitestgehend nach Pakistan geflüchtet –, dann schnell abziehen: Das wäre durchaus eine Option gewesen.«

Doch der Afghanistan-Einsatz sah zunächst ziemlich erfolgreich aus und verleitete deshalb dazu, ihn zu verlängern. Die Taliban waren nach sechs Wochen vertrieben, Hunderte al-Qaida-Kämpfer getötet, bin Laden von der Bildfläche verschwunden. Die Kampfeinsätze wurden immer weniger. Und Präsident Bush beliebter. 75 Prozent Zustimmung, das war viel für einen Präsidenten, der nur knapp die Wahl gewonnen hatte. Beliebtheitswerte treiben an, also machte Bush weiter, warnte davor, dass es in Afghanistan erneut zur Bildung von Terrorzellen kommen könnte, und vermittelte dem US-Volk zur gleichen Zeit, er habe alles unter Kontrolle.

Die Jagd auf bin Laden war lange Zeit ein gutes Mittel für den Wahlkampf im eigenen Land. Nachdem er versagt hatte, die Bevölkerung 2001 vor Terror zu schützen, konnte Bush so zumindest den starken Mann geben. Als seine Beliebtheitswerte im Jahr 2004 fielen, schrieb der Leiter des Central Command, General Tommy Franks, einen Artikel in der »New York Times«, in dem es heißt: »Ein Zugriff auf bin Laden war zu keinem Zeitpunkt möglich.« Nach sieben weiteren Jahren soll es zum zweiten Mal einen Hinweis gegeben haben, wo sich bin Laden versteckt – diesmal den entscheidenden. Zu diesem Zeitpunkt, 2011, hatten die Amerikaner 100 000 US-Soldaten in Afghanistan stationiert, das Vierzigfache des Truppenkontingents zu Beginn des Einsatzes.

»Am Anfang hat man sich die Sache schöngeredet. Schauen Sie sich doch einmal die Protokolle von der Petersberg-Konferenz von Dezember 2001 mit den Deutschen als

Gastgeber an. Da glaubte man, die Sache würde furchtbar leicht gehen in Afghanistan. Wie der ganze Feldzug ja so unglaublich leicht vonstattenging, bis zu diesem Zeitpunkt. Vier Wochen Krieg aus der Luft, ein paar Geldkoffer, und schon war Hamid Karzai der legitime und bald auch von der Loya Dschirga (der »großen Versammlung«, die zur Klärung von Fragen mit nationaler Bedeutung abgehalten wird) bestellte Nachfolger der Taliban. Das musste im Grunde zur Hybris führen. Alle haben mitgemacht. Die Idee, wie schnell man dann Afghanistan stabilisieren könnte, die war, wie wir heute wissen, übertrieben. Aber dabei hat man auch unterschätzt, wie schwierig die Aufgabe sein würde«, resümiert Bierling.

Es lief in Afghanistan, doch dann kam der Einsatz im Irak: »Wenn du zurückblickst und dich fragst, was lief schief, dann sehe ich den größten Wendepunkt im Krieg gegen den Irak. In den Jahren 2001 bis 2002 war Afghanistan wirklich lebendig, glücklich und hoffnungsvoll. Doch dann wurden alle Ressourcen, alle Aufmerksamkeit, viele Truppen, insbesondere die Spezialkräfte abgezogen. Nur ein paar Jahre später begann der Wiederaufstieg der Taliban. Diese beiden Ereignisse sind auf jeden Fall miteinander verbunden. Das Interesse von Bush an Afghanistan war erloschen«, sagt Dexter Filkins von der »New York Times« rückblickend. Und Bruce Hoffman, Senior Fellow beim »Council of Foreign Relations«, meint: »Die Irak-Invasion war der erste Schritt, der unseren Erfolg gegen den Terrorismus zunichtegemacht hat. Es war nicht nur die Invasion, die bin Ladens Narrativ nährte, dass der Westen, allen voran die USA, Krieg gegen den Islam führen und reihenweise islamische Länder besetzen wollte. In fast noch stärkerem Maße unterminierten die

Bilder, die weltweit von Abu Ghraib ausgestrahlt wurden, die Behauptung der USA, den Irak befreien zu wollen.«

Bierling erklärt: »Rachegelüste haben die USA immer wieder auf einen falschen Weg geführt. Denken Sie an Waterboarding, denken Sie an die Foltergefängnisse, denken Sie aber auch an Guantánamo. All dies entspringt dieser emotionalen Gefühlslage, in der Panik wahrscheinlich eine wichtige Rolle spielt, aber eben auch Rache. Weitere Motive sind: Wiederherstellung des Rechts mit allen Mitteln, Schutz der Amerikaner mit allen Mitteln, auch das Gefühl von Bush, im Grunde versagt, seine Leute nicht beschützt zu haben vor diesen Terrorangriffen. Und das führt dann am Ende zu dieser Überreaktion und zu dieser Pervertierung letztlich auch amerikanischer Werte.«

»Die NATO hatte damals Bündnisartikel 5 ausgerufen, um die Amerikaner von Alleingängen – ich möchte gar nicht sagen – abzuhalten, aber irgendeine Mitsprache zu gewinnen. Damit saß man natürlich mit im Boot.« Und verließ es nicht mehr, auch als die Amerikaner eigentlich schon wieder gedanklich und militärisch weitergezogen waren.

Ryan Crocker, 2011–2012 US-Botschafter in Afghanistan, sah im Jahr 2003, als der Irak in den Fokus rückte, weiteren Bedarf für »Nation Building« in Afghanistan. »Man braucht ein Kommunikationsnetz und gute Straßen, um Einsatzkräfte nach Bedarf mobilisieren zu können. Und damit Bauern ihre Produkte auf den Markt bringen können. Aber die Minimalisten sagten: Ist uns egal, wir gehen einfach. Das war die Rumsfeld-Doktrin. Stürze ein verhasstes Regime unter minimalem Einsatz. Und ziehe danach sorglos ab.« Donald Rumsfeld ist am 29. Juni 2021 gestorben, hat also den Endpunkt all jener Entwicklungen, die sich aus dem sorglosen Abwenden des Jahres 2003 ergaben, den überstürzten Abzug im Spätsommer 2021, nicht mehr erlebt.

Die Deutschen sind nicht sorglos abgezogen. Es war der erste militärische Einsatz der Bundeswehr, und er wurde bis 2009 laut Bierling nie richtig kommuniziert. Zwar sagte Bundesverteidigungsminister Peter Struck 2004, Deutschland werde am Hindukusch verteidigt, doch eine detaillierte Erklärung der Ziele des Militäreinsatzes blieb aus. »Insofern kann ich die deutschen Soldaten verstehen, die sich alleingelassen, die sich ohne Mission fühlten«, sagt Bierling.

So war es aber nicht zu Beginn des Afghanistan-Einsatzes. Dunja Neukam war für die Bundeswehr vier Mal in Afghanistan als Sanitäterin im Einsatz. Fünf Monate nachdem die Taliban die Macht übernommen haben, erzählt sie mir von ihren anfänglichen Hoffnungen und späteren Enttäuschungen:

»Am Anfang war ich ja wirklich blauäugig und dachte, wir schaffen das. Wenn so viel Hilfe da ist, so viel Geld, so viel Manpower, so viele Nationen, so viele, die was Gutes tun wollen, dann schaffen wir das. Wir halten die Taliban draußen, wir befrieden dieses Land, wir machen was für die Bevölkerung. Das war so schön für mich zu sehen, wie die Frauen einfach keine Burka mehr trugen, wie sie sich auf der Straße frei bewegt und selbstbewusst gesprochen haben.

Aber das große Ganze war nie konkret. Es hieß, wir gehen nach Afghanistan, stabilisieren das Land und halten die Taliban draußen. Die Mission war im Grunde die Stabilisierung des Landes, aber wie und wo genau, das wussten die wenigsten.

Je mehr Zeit ins Land gegangen ist und je weniger man gesehen hat, dass das Ganze fruchtet, spürte man eine zunehmende Frustration. Wir fragten uns immer öfter: Wieso mach ich das, warum halte ich da meinen Kopf hin? Ist das alles nicht sinnlos, was wir hier machen?

Und jetzt zu sehen, wie die Frauen einfach wieder so zurückgedrängt werden an den Herd, unter das blaue Tuch – da merke ich, wie ich schon wieder wütend werde. Da muss man schon sagen: Die Bundeswehr hat in Afghanistan versagt.«

Erst 2009 lieferte Angela Merkel der deutschen Öffentlichkeit eine Erklärung über die Ziele des deutschen Militäreinsatzes in Afghanistan. Kurz darauf brach ihr Verteidigungsminister zu Guttenberg sogar mit dem Tabu, den Einsatz als Krieg zu bezeichnen, indem er einräumte, man könne »umgangssprachlich von Krieg« in Afghanistan reden. Aber auch erst nach den tödlichen sogenannten Karfreitagsgefechten zwischen der Bundeswehr und den Taliban, bei denen drei deutsche Soldaten getötet wurden und acht zum Teil schwer verletzt. Es war das erste Mal seit dem Zweiten Weltkrieg, dass sich deutsche Soldaten länger an anhaltenden Kampfhandlungen beteiligten. Durch zu Guttenbergs Aussagen brach in der deutschen Bevölkerung eine heftige Debatte aus. Für die Soldatinnen und Soldaten waren sie wie eine Erlösung. Endlich sprach einer vom Krieg, in dem sie sich seit Jahren befanden, der in Deutschland jedoch totgeschwiegen wurde.

Ziel der deutschen Politik war auch, die Amerikaner bei Laune zu halten. Deshalb blieb man in Afghanistan. Die Verweigerung der Bundesregierung, sich am Krieg gegen den Irak zu beteiligen, trug also letztlich zur Verlängerung des Krieges in Afghanistan bei. »Die Deutschen waren führend an der Idee der Ausweitung des Afghanistan-Einsatzes betei-

ligt. Warum? Weil sie die aus ihre Totalverweigerung gegenüber dem Irakkrieg resultierenden Probleme mit den Amerikanern auch dadurch wieder zu kitten versuchten, dass sie
sich stärker in Afghanistan engagierten, und das vor allem
außerhalb Kabuls. Man kann sagen, das war so eine Art Mis-
sion-Creep, eine Ausweitung der Mission, die am Anfang ja
nur hieß, Beseitigung von al-Qaida, dann Beseitigung der
Taliban, dann Stabilisierung von Kabul und Karzai, dann
Stabilisierung des ganzen Landes. Doch dafür hat man dann
nie die Mittel aufgebracht, die notwendig gewesen wären.
Die Deutschen haben im Grunde den Einsatz immer als
eine erweiterte Sanitäts- und Zivilmission gesehen. Brunnen
bohren, die Schulen wiederaufbauen. Und so haben wir das
ja innenpolitisch auch verkauft. Wir haben nie darüber gesprochen, was der militärische Aspekt der ganzen Geschichte
ist, mit ganz wenigen Ausnahmen«, so Professor Bierling.

Der Afghanistan-Krieg, der so erfolgreich begann, endete
im Desaster. Zweimal erklärte die US-Regierung die Kampfeinsätze für beendet, 2003 und 2014. Beide Mal wurde wei-
tergekämpft.

Der islamistische Terrorismus war seit dem Angriff auf die
USA über 20 Jahre die größte Bedrohung für Amerika. Erst
am 7. Mai 2020 brach ausgerechnet Präsident Donald Trump
das Tabu. Der Covid-19-»Angriff« sei schlimmer als die Anschläge vom 11. September.

6 Der Aufbau

Während ich dieses Kapitel schreibe, sehe ich zufällig auf der Tagesschau-App eine alte Ausgabe vom 17. 11. 2001. Die Nachrichtensprecherin sagt: »Nach dem Rückzug der Taliban aus Afghanistan stehen jetzt in Kabul die Bemühungen um eine Regierungsbildung im Vordergrund.« Später heißt es im Beitrag: »Nach 65 Tagen Abwesenheit sind heute die Vereinten Nationen nach Kabul zurückgekehrt. Wie ein Sprecher erklärte, stehe die UN in Afghanistan vor einer ihrer größten Herausforderungen, vor allem in humanitärer Hinsicht. Da der Winter bereits eingesetzt habe, werde es von Tag zu Tag schwieriger, die Menschen zu versorgen. Zudem sei es wichtig, das Land von Minen zu befreien. Afghanistan gilt als das meistverminte Land der Welt. Auch die medizinische Versorgung in Afghanistan ist dramatisch, es fehlt selbst an den primitivsten medizinischen Hilfsmitteln, von Medikamenten und Hygiene ganz zu schweigen. Wegen mangelnder Versorgung müssen jeden Tag Kinder sterben, und Hilfe ist nicht in Sicht.«

Das ist 2001 der Zustand des Landes, das der Westen aufzubauen versprach.

Sie war vorbei, die Horrorherrschaft der Taliban. 1996 hatten die radikalislamischen Taliban die Macht ergriffen. Das Land war gezeichnet durch einen jahrzehntelangen Bürgerkrieg und der darauffolgenden schlimmsten Periode der neuesten Geschichte Afghanistans, vor allem für Frauen.

Dieses Terrorregime war nun besiegt. Die USA und Großbritannien hatten es gemeinsam mit der afghanischen Nordallianz, einer Zweckgemeinschaft aus Warlords, Kämpfern verschiedenster Stämme und ihrem Anführer General Abdul Raschid Dostum, gestürzt. In Bonn wurde zusammen mit Vertretern Afghanistans auf der Petersberg-Konferenz der Wideraufbau skizziert. Die Afghanen wünschten sich Deutschland als Austragungsort; es war das Land, zu dem ein jahrzehntelanges Vertrauensverhältnis bestand. Mehr als 40 Länder sollten sich an dem Wiederaufbau des geschundenen Landes beteiligen. Alles musste wiederaufgebaut werden: Schulen, Straßen, staatliche Strukturen. Deutschland half insbesondere beim Aufbau der Polizei und des Militärs und stellte mit 3500 Bundeswehr-Soldaten das drittgrößte Kontingent der internationalen Schutztruppe für Afghanistan (ISAF). Viel Neues entstand. Hunderte internationale Institutionen, NGOs und Vereine kamen, die sich um Kinder, Mädchen und Frauen kümmerten, ihnen zu Emanzipation verhalfen und das kulturelle Erbe wiederbelebten. Kabul, Masar, Herat, die Städte begannen wieder aufzublühen.

Die UN lud die Afghanen ein, um über die Machtaufteilung zu verhandeln. Mehr als 20 afghanische Delegierte kamen, aus vier verschiedenen Fraktionen. Nur die Taliban wurden nicht eingeladen. Ein Fehler, so die Meinung vieler – viel später. Zu dem damaligen Zeitpunkt wollten nicht nur die Amerikaner keine Gespräche mit Terroristen führen.

»Es waren vor allem die Frauen, die nun aufatmeten«, erzählt mir Mahbouba Seraj. Als sie 2003 nach mehr als 20 Jahren aus dem Exil in den USA nach Afghanistan zurückkam, war sie entsetzt. Sie hätte nie gedacht, ihr Land dermaßen zerstört vorzufinden, erzählt sie mir. »Nichts stand mehr. Kabul war dem Erdboden gleichgemacht. Ich hätte nie gedacht, dass ein Bürgerkrieg so eine Zerstörung mit sich bringen kann. Alles stand in Trümmern, nicht nur die Infrastruktur, unsere Kultur, unsere DNA. Mein Land fühlte sich fremd an, zunächst fragte ich mich: Was mache ich hier?

Wenn ich heute zurückblicke, dann hat sich in den letzten 17 Jahren in Afghanistan alles geändert. Kabul wurde aufgebaut, jeden Tag gab es eine Straße mehr, sie bauten hübsche neue Häuser und hässliche. Mit der Zeit veränderte sich das Gesicht der Stadt. Zu Beginn sah ich keine Frauen auf der Straße, nur Bettlerinnen. Sie saßen vor den Bäckereien und hofften auf ein Brot, das man ihnen zusteckte. Ich kann mich erinnern, dass ich nach meiner Rückkehr nach Afghanistan die Frauen ansprach und sagte: ›Warum tragt ihr den Tschador, ihr müsst nicht mehr, es ist vorbei.‹ Sie antworteten mir: ›Ich trage den Tschador zu meinem eigenen Schutz.‹ Mit der Zeit verschwanden aber diese Ganzkörperverschleierungen, »und man sah mehr und mehr weibliche Gesichter auf den Straßen Kabuls. Wir begannen langsam, mit den Frauen in Afghanistan zu arbeiten. Wir bauten Schulen für Mädchen auf, dann gingen sie auf die höhere Schule, dann auf die Universitäten, es wurden immer mehr. Es gab überall so einen Wissensdurst und Bildungshunger. Vor meinen Augen sah ich ein neues Land entstehen.« Sie selbst gründete das »Afghan Woman Network«, das größte Frauennetzwerk Afghanistans, und ist unter anderem Gründerin und Moderatorin des Radioprogramms »Our beloved Afghanistan«.

2007 kam als einer von vielen Helfern der australische Skater Oliver Percovich mit drei Skateboards unterm Arm nach Afghanistan. Er wurde von allen auf der Straße ange-starrt, erzählt er mir. Seine Skateboards. Keiner kannte diese Bretter mit den vier Rollen. Umso verwunderter war er, als es einen Ansturm auf »Skateistan« gab, seine NGO, die Kinder und Jugendliche in einem gesicherten Raum in Kabul för-dern wollte: durch Skateboardfahren und Bildung.

»Wir wollten Kinder stärken, besonders Mädchen. Ich dachte, Skateboarden sei ein perfektes Mittel, um Kindern diese Möglichkeit zu geben.« Gerade für Mädchen boten die Skaterschulen einen wichtigen Zugang zu Bildung und Sport. Skaten war zu neu, um gesellschaftlich tabuisiert zu werden. Zu skatenden Mädchen gab es keine Fatwas religiö-ser Rechtsgelehrter. 30 bis 40 Prozent der Kinder, die in Af-ghanistan die Skaterschulen besuchten, waren Mädchen. Tat-sächlich war die Schule in Kabul an manchen Tagen nur für Mädchen geöffnet. Percovich erzählt mir, dass die Mädchen oft sehr verschüchtert nach Skateistan kamen, mit eingezo-genen Schultern, und fast kein Wort sprachen. »Schon nach einigen Wochen fand eine Metamorphose statt: Die Mäd-chen richteten sich auf, die Schultern gingen zurück, ihre Au-gen strahlten, sobald sie die Skaterhalle betraten.«

»Ich liebe mein Land über alles«, sagt mir Hamed Ah-madi. »Die Nachrichten, dass so viele Staaten am Aufbau des Landes mitwirkten, weckten in mir die Hoffnung, dass Afghanistan wirklich vor einem Neuanfang steht. Ich war jung, hatte gerade meinen Universitätsabschluss im Iran ge-macht. Ich dachte, ich könnte zurückkehren und für mein Land nützlich sein. Ich hoffte, dadurch wieder einen Zugang zu meiner eigenen Kultur zu finden und sie besser verstehen zu können. Die folgenden fünf Jahre waren die schönste Zeit in meinem Leben. Es war die Zeit, in der Kabul aufblühte.«

Im August 2021 lerne ich Hamed Ahmadi in Venedig kennen. Wir drehen für den »Weltspiegel« gerade eine Reportage. Hamed ist ein erfolgreicher Unternehmer in Italien, führt drei Restaurants. Eigentlich will ich ihn zu seinem Erfolg als ehemaliger Flüchtling in Italien interviewen, doch als wir auf seinem Boot durch die Kanäle Venedigs fahren, wirkt er niedergeschlagen. Er war 2001 so voller Begeisterung über den Neuanfang in Kabul, erzählt er mir, jetzt ist er nur noch voller Trauer und Wehmut. Eine Woche bevor die Taliban Kabul erobern werden, sitzen wir auf seinem Boot.

Hamed wuchs im Iran auf. Seine Eltern hatten ihr Land verlassen, waren vor den Russen geflohen, die Afghanistan 1979 besetzt hatten. Anfang 2002 kehrte Hamed zurück in seine Heimat, kurz nachdem die Amerikaner und die internationalen Truppen eingetroffen waren. »Das Land war damals in einem fundamental anderen Zustand.« An zwei Dinge kann er sich besonders gut erinnern: »Wenn man heute nach Kabul kommt, stehen dort moderne, neue Gebäude. Die Straßen sind ordentlich und sauber, es gibt Wasser und Strom. Die Menschen sind gebildeter. 20 Jahre lang standen ihnen alle Möglichkeiten offen. Alles, was sie vor 2002 nicht hatten. Als die internationale Staatengemeinschaft damals nach Afghanistan kam, war Kabul dem Erdboden gleichgemacht. Es gab nichts. Und noch einen großen Unterschied gab es zu heute: Damals war die gesamte Bevölkerung voller Hoffnung. Die Augen der Menschen strahlten vor Freude, dass nun alles besser würde. Man spürte diese Stimmung überall, obwohl die Menschen so arm waren, kriegsgebeutelt, erschöpft. Die Hoffnung gab ihnen neue Kraft. Sie wollten lernen, ihr Land aufbauen, zur Welt gehören, internationale Beziehungen aufbauen.« Die Englisch-

und Computerkurse, die angeboten wurden, erinnert sich Hamed, waren ständig ausgebucht. »Die Menschen hatten keine ordentlichen Schuhe zum Anziehen, aber den Englischkurs wollten sie unbedingt besuchen, zur Not in Schlappen, mit staubigen Zehen oder sogar barfuß. Vor den Gebäuden, in denen die Kurse stattfanden, standen Hunderte Fahrräder, mit denen die Menschen gekommen waren«, erzählt mir der Unternehmer. Sie waren voller Wissensdurst, sehnten sich nach Frieden und nach allem Neuem. »Sie waren müde gewesen, und die internationale Staatengemeinschaft hatte ihnen neue Hoffnung gegeben. Etwas, das ihnen jetzt, 20 Jahre später, wieder genommen wurde. 2021 wurden sie ins Mittelalter der Taliban zurückgeworfen. Dieses Mal ist es schlimmer, denn sie wissen: Sie haben verloren, was sie gerade erst gewonnen hatten.«

Ahmad Sarmast ist Direktor des Afghanischen Musikinstituts (ANIM) in Kabul. Er schloss 1981 sein Studium an der afghanischen Musikhochschule ab, verließ während des Bürgerkriegs Anfang der 1990er-Jahre das Land und kehrte nach der Vertreibung der Taliban zurück. 2010 eröffnete er das ANIM in Kabul, eine Schule mit dem Schwerpunkt auf musischen Fächern und einer musikalischen Grundausbildung. 2014 wurde er bei einem Anschlag der Taliban verletzt. Er machte weiter, unermüdlich. Im Oktober 2021 moderiere ich eine Veranstaltung in der Bundeskunsthalle in Bonn, auf der er als Gast aus Melbourne zugeschaltet ist. Auch er musste im Sommer 2021 nach der Machtübernahme der Taliban aus seiner Heimat fliehen. Seine Augen strahlen, als er von den Anfängen seines Musikinstituts erzählt. »Es ist ein Menschenrecht, das Recht auf Musik, und das haben wir den Afghanen nach der Schreckensherrschaft der Taliban wieder zurückgegeben. Es war eine große Errungenschaft, wieder Musik in den Schulen zu unterrichten. Wir haben das afghanische Musikinstitut von null aufgebaut. Wir haben Kinder von der Straße geholt, wir haben das Leben von Hunderten von Straßenkindern verändert. Kinder, die auf der Straße Kaugummis verkauften, konnten sich unserem Orchester anschließen. Eine junge Frau wurde Dirigentin des Orchesters, wir sind in 47 Länder gereist, sind in der Carnegie Hall in New York aufgetreten. Diese elf Jahre, in denen wir die afghanische Musik wiederbelebt haben, können in die Geschichte eingehen. Wir waren das fortschrittlichste Musikinstitut in Zentralasien.«

Susanne Annen wurde 2010 nach Afghanistan berufen. Sie war die Afghanistanexpertin der Bundeskunsthalle in Bonn, als der afghanische Minister für Information und Kultur die Projektleiterin ansprach, ob sie nicht für ein Jahr nach Afghanistan kommen würde, um ihn dabei zu unterstützen, die Kulturgüter des Nationalmuseums wiederaufzubauen. Susanne Annen sagte zu und blieb nicht ein Jahr, sondern drei. »Ich fand das Ganze damals wunderbar«, sagt sie mir und strahlt dabei – übrigens jedes Mal, wenn sie von Afghanistan spricht. »Mein Start war zwar nicht ganz so einfach, denn die jungen Afghanen Anfang zwanzig, die gerade vom Studium kamen, hatten überhaupt keine Lust auf eine Deutsche, die ihnen erklärt, wie die Welt funktioniert. Doch nach ein paar Monaten suchte ich das Gespräch mit ihnen und sagte: ›Wisst ihr was? Wir können jetzt so weitermachen und ich mache meinen Job nach Vorschrift, genieße meine Zeit im Hotel, mache jeden Morgen Sport und gehe in die Sauna. Bezahlt werde ich sowieso. Oder wir können versuchen, miteinander zu arbeiten. Ich habe wirklich Lust, von euch zu lernen, und ihr könnt vielleicht dann doch ein bisschen mitnehmen von dem, was ich euch zu erzählen habe.‹ Am nächsten Morgen kamen die Jungs auf mich zu und erklärten mir, sie würden gern mit mir die nächste Ausstellung organisieren.

Mit der Zeit wurden sie so selbstständig, sie machten komplett alles allein. Du kannst dir das gar nicht vorstellen, die Arbeit mit diesen jungen Leuten, die lernen, die einfach etwas bewegen wollten. Es waren Jahre, die ich nicht missen möchte, es war das erste Mal, dass ich für Kulturprojekte so viel Geld zur Verfügung hatte, dass ich es gar nicht ausgeben konnte. Auf der anderen Seite konnten wir einfach Dinge umsetzen, die wir entwickelt und auf die wir Lust hatten. Ich habe auch hier in der Bundeskunsthalle immer wieder junge Leute, die ein Volontariat absolvieren. Aber das kann man überhaupt nicht vergleichen. Hier in Deutschland sind sie irgendwie völlig gesättigt und vermitteln einem das Gefühl, man müsse sie bedienen.

Im Vergleich dazu haben diese jungen Leute in Kabul wirklich ihre Zukunft in die Hand genommen. Es war so eine Freude, das mitanzusehen. Ich kann dir gar nicht sagen, wie sehr mir diese drei Jahre Freude gemacht haben. Ich bin wirklich schweren Herzens gegangen. Es waren die besten drei Jahre meines Lebens. Du weißt, ich habe schon zuvor viele Jahre im Ausland gelebt und gearbeitet, aber diese jungen Leute in Afghanistan, die haben mich überzeugt. Ich kann es kaum in Worte fassen.«

Aus dieser Zeit des Aufbruchs stammt auch ein Artikel der damaligen Leiterin des Goethe-Instituts in Kabul, meiner guten Freundin Anne Eberhard, der darauf verweist, wie wichtig der Wiederaufbau staatlicher Strukturen für eine funktionierende Zivilgesellschaft ist. Dabei sei nicht der Wirtschaftsfaktor von Kultur entscheidend, sondern die kulturelle Teilhabe unterschiedlicher Bevölkerungsgruppen und die Möglichkeit, in Schulen, Gemeinden und öffentlichen Institutionen ein Bewusstsein für die Gemeinsamkeit der afghanischen Kultur und für die Bedeutung von Bildung zu schaffen sowie die Beteiligung der Frauen am öffentlichen und wirtschaftlichen Leben zu fördern. »Neben den wiederaufgebauten, oftmals starren staatlichen Organisationen formieren sich immer zahlreichere Initiativen junger und unabhängiger Kulturschaffender. Poetinnen und Schriftsteller treffen sich in ihren Wohnzimmern zu Literaturzirkeln, drucken in Eigeninitiative ihre Werke und vernetzen sich über Provinzgrenzen hinweg. Die Studierenden der Fakultät der Schönen Künste versuchen sich in der Gründung von Theatergruppen und Künstlervereinigungen«, beschreibt sie die Situation zehn Jahre nach dem Sturz der Taliban, führt aber schon damals ebenso kritisch hinzu: »Leider hat der von der internationalen Gemeinschaft unterstützte Aufbau der Kultureinrichtungen durch zum Teil unkritische Geber und die massive finanzielle Unterstützung vielerorts auch eine Nehmermentalität und Erwartungshaltung gefördert, die der Übergabe der Kulturarbeit an afghanische Institutionen nicht selten entgegensteht.«

Spiegelten diese Geschichten über Dirigentinnen, Künstlerinnen oder Designerinnen, die wir im Westen gerne sehen und hören, wirklich die Realität in Afghanistan wider? Wie repräsentativ waren diese internationalen Programme, Festivals, Konferenzen und Ausstellungen für die Gesellschaft?

Es gab eine marginale Mittelschicht in der Hauptstadt Kabul, die vor allem uns im Westen bekannt ist. Afghanistan war eine Zeit lang schick und sexy für die Kulturschaffenden. Kooperationen mit Afghanistan sah man gerne: Documenta 13, Contemporary Art Price. Hippe Zeitschriften wie die »Afghan Scene« entstanden und lagen überall in modernen Expat-Restaurants und Coffee Shops in Kabul aus. Die Expats und die afghanische Mittel- und Oberschicht waren unter sich und stießen auf ihre Erfolge an, auf die Demokratie, auf die rasante Entwicklung. Für die Mehrheit der Afghanen war diese Welt aber eine völlig fremde. Mehr als drei Viertel der Bevölkerung leben auf dem Land in ärmlichen Verhältnissen. Welche dieser Familien hätte schon ihre Töchter in die modernen Städte nach Kabul oder Masar oder Herat schicken können und wollen, welche hätte ihnen erlaubt, dort ein westlich orientiertes, selbstbestimmtes Leben zu führen?

Conrad Schetter sagte dem MDR einmal in einem Interview, er glaube, man habe sich nicht einmal darum bemüht, die Afghanen zu verstehen, sondern westliche Vorstellungen auf sie projiziert, ohne sich mit ihrer Kultur und Gesellschaft zu beschäftigen, ohne sie dort abzuholen, wo sie waren. Nahostexperte Michael Lüders führt aus, dass sich eine Mittelschichtsblase von ca. 200 000 Menschen gebildet habe, einer kleinen Minderheit, die wie »wir« im Westen denkt und von der wir ausgingen, sie seien Afghanistan.

Vielen Afghanen, die ich für dieses Kapitel interviewte, fiel es schwer, über die Zeit des Wiederaufbaus zu sprechen. Sie wurden von ihren Gefühlen überwältigt, hatten einen Kloß im Hals, Tränen in den Augen. Sie sahen müde und erschöpft aus. Einige wollten überhaupt nicht mehr darüber reden. Über die Vergangenheit. Denn: Sie sind jetzt wieder da, wo sie vor 20 Jahren waren.

7 Der Anflug

Ich habe viel zu viel Gepäck dabei. Nicht für mich. Meine Sachen beschränken sich auf zwei langärmlige T-Shirts, einen dicken Pullover und eine Jeans. Ich habe Freunde gefragt, ob sie warme gute Kleidung haben, die sie nicht mehr brauchen. In Afghanistan kann es bitterkalt werden im Winter. Ich erinnere mich an meine letzten Reisen vor ein paar Jahren, ich habe ständig gefroren. Es ist Ende November, nachts hat es bereits Minusgrade. Bald wird es schneien. Viele Menschen leben auf der Straße. Es gibt zwei Millionen Obdachlose, ihre Zahl steigt. Mein Producer vor Ort sagt mir: »Oh, Natalie, wenn du Kleidung mitbringst, dann dürfen wir sie nur unauffällig verteilen, denn wenn sie merken, dass es umsonst warme Kleidung gibt, werden wir von ihnen überrannt.« Es werden immer mehr, die nichts haben. Die UN warnt Ende 2021 vor einer der schlimmsten humanitären Katastrophen.

Was packt man, wenn man in ein Land reist, in dem mehr als 22,8 Millionen Menschen von Armut und Hunger bedroht sind, das kurz vor dem Kollaps steht?

Als ich im Syrienkrieg 2014 in einem Flüchtlingslager in der Nähe von Aleppo drehte, starrten die Frauen, die ich in ihrem löchrigen Zelt interviewte, auf meine Finger. Die Kinder spielten neben uns mit einem Luftballon, er war nicht aufgeblasen. Es war ihr einziges Spielzeug. Mit leuchtenden Augen erklärten mir die Frauen auf Arabisch, wie wunderschön mein roter Nagellack wäre. In diesem Moment hätte ich am liebsten eine ganze Tasche voller roter Nagellacke dabeigehabt.

Roten Nagellack für Kabul habe ich nicht gekauft. Als ich schon im Flugzeug sitze, schreibt mir ein Freund: »Lege in Afghanistan deinen Schmuck ab. Die Taliban haben das Tragen von Schmuck, Make-up und hohen Absätzen untersagt.« Ich habe drei Koffer gepackt, sie sind jetzt voll mit warmer Kleidung und Schokolade. Wenn ich auf Reisen gehe, die nicht ganz ungefährlich sind, höre ich oft auf mein Bauchgefühl und achte während der Reise auf das Karma, auf »Jas« oder »Neins«, wie ich es nenne. Ein »Ja« bekam ich am Flughafen in München. Ich hatte natürlich Übergepäck und appellierte an den Herren der Fluggesellschaft, dass diese Extra-Kilos für einen guten Zweck seien und sie mich dafür nicht extra zahlen lassen sollen. Meine Bitte wurde abgewiesen. Dann begann er minutenlang in den Computer zu tippen. Nach einer gefühlten Ewigkeit sah mir der Mann am Schalter fest in die Augen und sagte, ob ich ihm bestätigen könne, dass sich im zweiten Koffer ausschließlich Golfausrüstung befände. Ich fliege über die Vereinigten Arabischen Emirate. Dort sind Golfer gern gesehen. Ich bestätigte, indem ich heftig nickte, und durfte den zweiten Koffer mitnehmen, umsonst. Den dritten nahm ich als Handgepäck mit. Golfgepäck geht also, Kleidung für die Ärmsten auf der Welt nicht, aber immerhin hat er mir geholfen.

Es ist immer dasselbe. Anstatt mich ausschließlich auf die Berichterstattung zu konzentrieren, führe ich bei jeder Reise immer mehrere Aktionen gleichzeitig aus. Ich könnte nie mit leeren Händen in ein Land reisen, in dem die Not so groß ist. Ob das Aktionismus ist, wurde ich in Interviews gefragt. Finde ich nicht, antwortete ich, das ist Mensch sein.

In Abu Dhabi stehen hinter mir nur Männer, alle wollen nach Kabul einchecken. Bärtige Männer, in traditioneller Kleidung, viele in Schlappen. Welche Frau möchte auch zu diesem Zeitpunkt nach Afghanistan, frage ich mich. Dann sehe ich, dass mit mir doch drei weitere Frauen fliegen, und ich muss innerlich schmunzeln, denn es spielt sich vor meinen Augen eine für mich sehr gewohnte Szene ab, die ich aus dem Iran und von den iranischen Frauen kenne: Sie sind forsch, die Frauen. Die drei, alle einzeln reisend, gehen schnurstracks an der Schlange der meist bärtigen Männer vorbei und checken ein. Man könnte sagen, sie drängeln sich vor. Weil sie es aber Männern gegenüber tun, die in ihrem Land das Sagen haben und sie unterdrücken, finde ich es gut. Und vermutlich der ein oder andere, der diesen Text liest, auch. Würde dies in Deutschland passieren, hätte man dafür vermutlich weniger Verständnis.

Ich setze mich auf meinen Platz im Flugzeug. Bei nur drei Frauen in der Maschine ist die Wahrscheinlichkeit hoch, dass sich wohl ein Mann neben mich setzen wird. Wie das plötzlich zu einem Thema in meinen Gedanken wird. Es setzt sich einer neben mich, neigt sich sofort weg von mir, biegt sich förmlich hinein in den Gang. Ich fühle mich ein bisschen wie eine Aussätzige. Ich habe mir mein Kopftuch noch nicht aufgesetzt. Vielleicht stört ihn das. Oder dass ich Ausländerin bin. »Boarding completed«, schallt es durch das Flugzeug. Und, ich hatte es geahnt, eine Sekunde nach der Durchsage springt der Mann auf und fragt den Steward, ob er sich in die

Reihe hinter unsere setzen kann. Während er sich sichtlich erleichtert von mir entfernt, grinse ich den Steward an, er lächelt zurück. Ich fühle mich ihm verbunden. Die ganze Crew von »Kam Air« sieht überhaupt aus wie vor dem 15. August. Die Stewardessen sind geschminkt, bemerke ich, als eine direkt neben mir die Sicherheitsanweisungen für den Flug anzeigt. Werden die Taliban das eines Tages auch verbieten? Für was wird der 15. August einmal in den Geschichtsbüchern afghanischer Schülerinnen und Schüler stehen, frage ich mich. Wahrscheinlich weiß jeder, was er an diesem Tag gemacht hat, wo er sich aufhielt, wie bei 9/11.

Das Flugzeug hebt ab. Endlich. Ich werde in Kabul landen, trotz aller Warnungen meines gesamten Umfelds, dass es viel zu gefährlich sei, als Frau jetzt allein nach Afghanistan zu reisen. Keine Versicherung wollte mich versichern. Dann fliege ich eben, ohne versichert zu sein. Ist es nicht genau die Aufgabe von Journalisten, dorthin zu reisen, wo Unrecht passiert? Darüber zu informieren? Einblicke zu liefern, die vielleicht aus der Ferne nicht möglich sind? Ich möchte wissen, wie es ist, knapp 100 Tage nach der Machtübernahme der Taliban. Ich möchte mit Frauen sprechen, die Todesangst haben und sich verstecken, Soldaten fragen, warum sie nicht gegen die Taliban gekämpft haben, so schnell aufgaben. Ich habe auch vor, den Sprecher der Taliban, Zabihullah Mujahid, nach der zukünftigen Politik der Taliban zu befragen. Ob sie wirklich moderater sind, wie es bei Mujahid den Anschein hat? Oder sind sie doch die gleichen grausamen Machthaber wie vor 20 Jahren? Und ich möchte unbedingt wissen, wie man Talib wird. Und wie sich die Kämpfer, die jahrelang aus dem Untergrund agierten, jetzt fühlen. Mächtig? Auf dem Fernsehbildschirm vor mir habe ich die Nachrichten eingeschaltet. Eine Meldung im »Al-Jazeera«-Ticker lautet: »Die Taliban fordern alle afghanischen Sender auf, keine Frauen mehr zu zeigen, weder in Filmen noch in Serien.«

Der Landeanflug hat begonnen. Ich bin drei Stunden über Gebirge geflogen. 75 Prozent der Fläche Afghanistans bestehen aus unzugänglichen Gebirgszügen, es dauert manchmal Tage, um von einer Stadt in die nächste zu kommen. Die Geschichte hat es immer wieder bewiesen: Es ist enorm schwieriges Terrain, ideal für den Guerillakampf. Ein Kampf, den bisher keine einzige ausländische Macht gewonnen hat.

Das Flugzeug, in dem ich sitze, beginnt mit dem Sinkflug. Ich sehe den Flughafen Kabul. Den Ort, der wohl in der Erinnerung der Afghanen für immer mit einem traumatischen Erlebnis verbunden bleiben wird: Dass die Taliban Afghanistan in nur wenigen Wochen fast widerstandslos eingenommen haben. Und der Westen das Land auf halber Strecke alleinließ, der afghanischen Bevölkerung den Rücken zukehrte. Wir landen. Für ein paar Sekunden wird fröhliche Musik eingespielt, dann stoppt sie wieder, vielleicht hat die Crew für einen Augenblick vergessen, dass es einen Machtwechsel gab.

8 Sahars Rückkehr

Können Sie sich noch an den »Weltspiegel« erinnern, in dem wir über die Flucht der Frauenrechtlerin Sahar Ahmadi aus Afghanistan berichteten? Der Beitrag lief am 22. August 2021 in der ARD, eine Woche nachdem die Taliban Kabul und damit Afghanistan eingenommen hatten. Genau an diesem Tag, am 15. August, wollte Sahar – ich kam in der Einleitung darauf zu sprechen – ihr Restaurant in Kabul eröffnen. Sie ist die Schwester von Hamed, dem Unternehmer in Venedig, mit dem ich für eine ARD-Reportage auf seinem Boot unterwegs war. Seit drei Monaten lebt Sahar bei ihrem Bruder in Italien.

Am Morgen des 15. August wachte Sahar voller Vorfreude auf. Sie sagte zu ihrem Mitarbeiter, er solle ein Taxi rufen. Er meinte, es gebe keine freien Taxen mehr. Sie ging selbst auf die Straße, um zu sehen, was los war, als sie Taliban-Kämpfer sah. Sie kamen von allen Seiten. Menschen rannten durch die Gegend. Sahar war bei all ihrem Idealismus doch realistisch genug, um zu wissen: Es wird keine Eröffnung für ihr Restaurant geben.

Es ist der 22. November 2021. Sahar hat mir die Adresse ihres Restaurants in Kabul mitgegeben. Ich habe ihr versprochen, es mir anzusehen, wenn ich in Afghanistan bin. Jetzt bin ich es. Ich fahre hin.

Im Garten ihres Restaurants bringt mir ihr Mitarbeiter grünen Tee und Pistazien. Ihr Restaurant heißt »Mehmoon-e Sahar«, Sahars Gast. Es ist wunderschön, hat einen riesigen Garten, das ist selten in Kabul. Im Garten gibt es eine kleine Bühne, dort hatte Sahar vor, Livemusik spielen zu lassen. Das Restaurant ist auch innen sehr groß und mit viel Feingefühl, Liebe und Geschmack eingerichtet. Ihr Mitarbeiter schließt mir ein Zimmer auf, dort stehen wunderschöne Wasserpfeifen, auf ihnen hat sich eine Staubschicht gebildet. »Wir mussten sie wegsperren, die Taliban erlauben keine Wasserpfeifen, sie würden sie zerstören. Sie zu rauchen, ist für sie ein inakzeptables Laster.« Sie stürmten das Restaurant mehrere Male, nachdem Sahar das Land verlassen hatte, suchten nach ihr. Ihre geliebten Wasserpfeifen mit feinen bemalten Glashälsen, die sie eigens ausgesucht hatte, fanden sie nicht.

Ich rufe Sahar über Facetime an. Sie geht ran, sieht mich in ihrem Garten sitzen. »Sahar, ich sitze gerade hier auf deinem Platz«, sage ich ihr und sehe, dass sie mit den Tränen kämpft, doch tapfer erwidert sie: »Ich sehe, du bist mein erster Gast, Natalie, herzlich willkommen. Wenn ich dich so sehe, kommt mir der Gedanke, was ich für einen guten Namen für das Restaurant ausgesucht habe, und wie schön es wäre, wenn ich wirklich Gäste hätte. Jetzt konnte keiner zur Eröffnung kommen, und es ist bis heute geschlossen geblieben. Das ist, wie wenn man auf sein Kind wartet und es dann am Tag der Geburt tot zur Welt kommt. Mein Restaurant ist tot geboren. Ich bin gerade so neidisch auf dich, dass du in mein Land reisen kannst und ich als Afghanin nicht, dass ich um mein Leben fürchten muss. Ich bin jetzt seit genau drei Monaten im Exil. Seitdem denke ich Tag und Nacht an meine Rückkehr. In den ersten Tagen checkte ich sogar, ob es Flüge gibt. Ich werde nicht glücklich hier, auch wenn Italien, wie du weißt, sicher eines der schönsten Länder der Welt ist. Immer wenn ich lache, habe ich tief im Herzen ein schlechtes Gewissen, weil ich an die schreckliche Lage denken muss, in der sich mein Land befindet. Ich ertrage das Leben so nicht. Afghanistan ist trotz der großen Armut, des Krieges, der geringen Möglichkeiten, der brutalen Männer, die sich Taliban nennen, mein Land. Kein Land der Welt wird für mich diesen Platz einnehmen.«

Sahar musste schon einmal aus ihrem Land fliehen. Als die Russen Afghanistan 1989 verließen und ihre Heimat anschließend vom Bürgerkrieg zerstört wurde, flohen ihre Eltern mit ihr und ihren beiden Geschwistern in den Iran, auch weil sie zur schiitischen Bevölkerungsgruppe der Hazara gehören, der der Genozid drohte. Die Bevölkerungsgruppe wird seit Jahrhunderten verfolgt, unterdrückt und Tausende wurden getötet. Sie sind eine der am stärksten benachteiligten und ausgegrenzten Gruppen. Viele geben sich, um sich vor Repressionen zu schützen, als Tadschiken oder Usbeken aus. Deshalb unterscheidet sich die offizielle Zahl von ungefähr einer Million Hazara von eigenen Schätzungen der Hazara, die von vier bis sieben Millionen ausgehen.

Sahars Eltern flohen vor den Mudschaheddin, die später in Teilen zu den Taliban überliefen. Sie drohten, die Hazara zu töten, wenn sie nicht ihren schiitischen Glauben aufgäben und zum Sunnismus konvertierten. Sie ermordeten skrupellos Tausende Hazara-Familien, schlachteten sie einfach ab. Für die alten und neuen Herrscher Afghanistans sind die schiitischen Hazara Menschen zweiter Klasse, »Kuffar«, Ungläubige, Menschen, denen man Land und Rechte nehmen kann.

Sahars Familie zog 1998 nach Mashad, in die zweitgrößte Stadt des Iran. Sie liegt im Osten des Landes, nahe an der afghanischen Grenze. Sie hatte dort ein gutes Leben, erzählt mir Sahar. Ihr Vater war Händler, sie waren nicht arm. Und doch wurden sie angefeindet, jeden Tag, von Iranern, die sie als »Schlitzaugen« bezeichneten und als »breitnasig«. »Im Iran ist ›Afghane‹ zu einem Schimpfwort geworden«, sagt mir Sahar. Sie muss es mir eigentlich nicht erzählen. Ich habe es in meiner langen ARD-Korrespondentenzeit im Iran oft genug erlebt, wie rassistisch und abfällig Iraner mit Afghanen umgehen, sie anfeinden. Sahar hat deshalb immer ihre afghanischen Wurzeln zu verstecken versucht. Bis sie 30 wurde.

Wie die Hazara in Afghanistan werden die Afghanen im Iran als Bürger zweiter Klasse behandelt, seit vier Jahrzehnten, seit sie Zuflucht in der Islamischen Republik suchen. Vier Millionen afghanische Flüchtlinge leben im Iran, unerwünscht. Ich drehte in einem Flüchtlingscamp mit dem Namen »Guest City«, Stadt der Gäste. An der Grenze zwischen Iran und Afghanistan. Der Name klingt nach Willkommenskultur. Die gibt es aber nicht. In diesem Camp leben seit Generationen Afghanen, geduldet von der iranischen Regierung, ausgegrenzt von der iranischen Gesellschaft. Viele Tausende bereits in der dritten Generation. Sie kommen als Flüchtling auf die Welt und bleiben es. Für sie gibt es keine Perspektive. Die meisten Afghanen im Iran leben allerdings nicht im Camp, sondern bewegen sich illegal im Land, verdienen ihr Brot als Tagelöhner. Laut der UN-Flüchtlingshilfe gibt es zwischen anderthalb und drei Millionen illegale Afghanen im Land. Ohne Recht und Sicherheit. Hoffnung sehen fast alle nur in Europa. Kampagnen der Europäer sollten sie 2015 vor einer Flucht nach Europa abhalten. Viele, sehr viele ließen sich davon nicht abschrecken. Schlimmer als ihr Leben im Iran kann es doch nicht werden, sagten mir Afghanen im Iran.

»Ich habe 30 Jahre im Iran gelebt, bin dort aufgewachsen, habe mich dort zum ersten Mal verliebt, aber obwohl ich dort die längste Zeit meines Lebens gelebt habe, fühle ich nichts für das Land«, sagt mir Sahar.

Menschen, die nie ihre Heimat verlassen mussten, können sich kaum vorstellen, wie es sich anfühlt, woanders, nicht im eigenen Land aufzuwachsen. Deshalb bitte ich Sahar, als ich über diesem Buch sitze, mir aufzuschreiben, wie es war, als sie zurückkehrte in ihr Land, nach Afghanistan. 2018.

»Für mich fühlte es sich erst nach Heimat an, als ich nach Afghanistan kam. Davor fühlte ich mich mit keinem Ort auf der Welt verbunden, auch nicht mit dem Iran. Ich bin im Iran groß geworden, habe dort Freunde, Freundinnen gefunden, bin gewachsen, wurde erwachsen, habe mich verliebt, die Liebe ging zu Bruch. Ich habe studiert, gearbeitet. Meine Liebsten starben, meine Liebsten kamen auf die Welt. 30 Jahre lebte ich im Iran. Ich habe mich diesem Land nie zugehörig, mich nie heimisch gefühlt. Um ehrlich zu sein, es war nicht so, dass ich das nicht wollte, sondern die Gesellschaft hat mich nie akzeptiert. Solange ich mich erinnern kann, und bevor ich nach Afghanistan ging, war ich mit meinem inneren Konflikt beschäftigt: meiner Identitätskrise.

Das Gefühl der Schwebe, das Verbergen meiner Identität, der ständige Stress. Ein Teil von mir warf mir meine afghanischen Wurzeln vor. Ich war nicht mit mir im Reinen. Ich wünschte mir inneren Frieden. 30 Jahre war ich alt, und diese Krise begleitete mich noch immer. Ich haderte mit meinen afghanischen Wurzeln. Bis ich entschied, in das Land meines Vaters zu reisen, um endlich den einen Teil von mir zu finden, der mich wirklich ausmacht. Ich habe ihn in mir gesucht und ihn nicht gefunden. Ich suchte, suchte und suchte, bis ich meinen Fuß auf afghanische Erde setzte.

Ich war drei Jahre in meiner Heimat und hatte das Gefühl, seit vielen Jahren dort zu sein und Wurzeln geschlagen zu haben. Es tat meiner Seele so gut, sich einem Ort zugehörig zu fühlen. Ich hatte dort nicht mehr das Gefühl, zwischen Erde und Himmel zu schweben. Ich stand fest mit beiden Beinen auf dieser Erde, kein Wind konnte mich von ihr trennen, nicht einmal der Tod! Ich glaubte, meinen inneren Frieden gefunden zu haben.

Die Menschen in Afghanistan haben mich nicht nur als eine Tochter Afghanistans akzeptiert, sie haben mich auch gefördert und ermutigt, unabhängig zu sein und auf eigenen Füßen zu stehen. Das hat mir das Gefühl gegeben, nützlich zu sein. Das Gefühl, endlich ein Land gefunden zu haben, das mich annimmt, in dem ich dazugehöre. Endlich, nach 30 Jahren, herrschte Waffenstillstand in mir.

Als Jugendliche verließ mein Vater während des Russland-Krieges Afghanistan und wanderte zum ersten Mal in den Iran aus. Wie hunderttausend andere Afghaninnen und Afghanen.

Meine Familie ist extrem iranisiert. Meine Onkel mütterlicher- und väterlicherseits haben – wie alle meine Freunde und Bekannte – iranische Frauen geheiratet. Ich habe iranische Schulen besucht, an iranischen Universitäten studiert und gearbeitet. Ich bin wie ein iranisches Mädchen aufgewachsen und erzogen worden.

Aber ich wurde nie richtig zur Iranerin, war aber auch

nicht Afghanin. Dieses Gefühl, nirgends dazuzugehören, begleitete mich so lange, bis ich mein eigenes Land kennenlernte.

Nach meiner Rückkehr nach Afghanistan hat sich das völlig geändert: Ich fühlte mich überhaupt nicht mehr als Iranerin, nicht einmal zu einem Prozent. Meinen Freundinnen und Freunden, denen ich es bis zu dem Zeitpunkt verschwiegen hatte, teilte ich jetzt voller Stolz mit, dass ich Afghanin bin. Ich fühle mich hundertprozentig als Afghanin.

Als ich in Afghanistan lebte, wünschte ich mir, dass unser Volk endlich Frieden findet, Ruhe und Glück. Keine süchtigen Menschen mehr an den Straßenrändern, keine kleinen Mädchen und Jungen, die betteln, keine Explosionen und Selbstmordattentate. Ich wünschte, dass es nie mehr Krieg in diesem Land gebe.

Ich wünschte, ich könnte eine Kochschule eröffnen. Ich wünschte, ich könnte durch die Provinzen reisen und sämtliche Richtungen der afghanischen Kochkultur kennenlernen. Ich wollte Reiseberichte schreiben, Dokumentarfilme drehen und die Schönheit meines Landes fotografieren. Ich wünschte, ich könnte eines Tages mein Buch veröffentlichen und der Welt präsentieren. Ich wünschte, ich könnte dafür sorgen, dass Kochen als Fach an afghanischen Universitäten angeboten würde. Ich wünschte, eines Tages würde unsere Gesellschaft das Patriarchat abschütteln und Frauen unser Land führen.

Afghanistan war 43 Jahre lang mit Kriegen konfrontiert und konnte sich daher zu keinem Zeitpunkt richtig entwickeln, auch deswegen nicht, weil es nie eine führende Kraft gab, die sich mit Leib und Seele für ein vereintes Volk einsetzte. Afghanistan ist in Bezug auf seine natürlichen Energien und

Ressourcen eines der reichsten Länder der Welt, Ausländer haben das Land jedoch immer geplündert und Afghanistan zu einem der ärmsten Länder der Welt gemacht.

Aber: Trotz Armut, Krieg und Selbstmordattentaten waren wir fröhlich. Das Leben lief irgendwie. Bevor ich nach Afghanistan ging, hatte ich ein ganz anderes Bild vom Leben der Frauen. Nicht so selbstbestimmt und emanzipiert, wie ich es vorgefunden habe. Ich empfand die Situation der Frauen vor Ort als sehr frei, und ich pflegte den Kontakt mit Frauen aus allen möglichen Schichten.

Im Vergleich zu Afghanistan ist Iran in jeder Hinsicht ein besserer Ort zum Leben, doch dort fühlst du dich nicht wohl, nicht frei. Die Atmosphäre ist depressiv. In Kabul war das nicht so. Wir haben so viel gelacht. Ich ließ meinen Träumen freien Lauf und wollte bis zu meinem Lebensende in Afghanistan bleiben. Im Alter hatte ich vor, in einem Dorf in Bamiyan zu leben und Landwirtschaft und Tierzucht zu betreiben. Die ganze Familie versuchte mich seit Jahren zu überzeugen, nach Italien zu emigrieren. Ich habe es einmal sogar bis zu einem Visum für Italien geschafft, dann habe ich es mir aber anders überlegt und bin in Afghanistan geblieben.

Auf dem Höhepunkt meines Glücks, als ich voller Hoffnung war, dass ich mein zweites Restaurant als das beste und schönste Restaurant in Kabul eröffne, änderte sich plötzlich alles innerhalb eines Tages.

Alles wurde vernichtet! Auch nach drei Monaten kann ich es immer noch nicht glauben.

Ich schlafe immer noch jede Nacht in Gedanken an Kabul und mein Leben dort ein. Ich habe das Land verlassen, mein Herz blieb jedoch in Afghanistan, in den Kabuler Gassen.

Am Zusammensturz Afghanistans sind alle schuld, alle! Vor allem sind wir schuld, wir Afghanen. Es gibt in Farsi ein Sprichwort, das besagt: ›Das, was uns geschieht, kommt durch uns – az maast ke bar maast. Wenn wir uns selbst gegenüber nicht barmherzig sind, werden weder Gott noch die Ausländer sich unser erbarmen!‹ Solange wir kein vereintes Volk der Afghanen sind, bleibt Frieden nichts anderes als ein Traum und eine Illusion.

Vermutlich hätte ich nie mit meiner Umwelt Frieden schließen können, wenn ich keinen inneren Frieden gefunden hätte. Wir müssen Frieden mit uns schließen, erst dann können wir das Land von der Einmischung der Ausländer befreien.«

An dem Tag, an dem ich mit Sahar telefoniere, während ich in ihrem Restaurant in Kabul sitze und sie in Rom, hat sie mir indirekt vielleicht das Leben gerettet. Ich bin zu dem Zeitpunkt eigentlich im »Buchara«, einem Restaurant in einer anderen Ecke Kabuls, zum Mittagessen verabredet. Doch ich sage es ab, weil sich das Facetime-Gespräch mit Sahar verzögert hat. Sie steckt noch in einem Termin in der italienischen Ausländerbehörde, um für ihren Aufenthaltstitel in Italien vorzusprechen. So warte ich auf sie in ihrem leeren Restaurant. Es dauert. Ein paar Meter neben dem »Buchara«-Restaurant explodiert eine Bombe. Daesh-K bekennt sich später dazu. Wie viele Tote es gab, sagen die Taliban nicht. Sie möchten der Bevölkerung verkaufen, alles unter Kontrolle zu haben, auch Daesh-K. Offensichtlich stimmt das nicht. Seit die Taliban die Macht übernommen haben, bekamen die fanatischen Islamisten des IS-Ablegers Zulauf von denjenigen, die die Taliban als Feinde ansehen. Inzwischen ist der Daesh-K in jeder afghanischen Provinz aufgestellt.

Noch im Garten von Sahar zeigt mir mein Producer eine Eilmeldung zur Explosion auf seinem Handy: Er kommentiert zynisch: »Different story, same shit.«

9 Das Geld muss weg

Afghanistan ist seit dem 19. Jahrhundert abhängig von internationalen Zahlungen, doch die Zeit nach 2001 stellt die Vergangenheit vollkommen in den Schatten. Es floss einfach. Das Geld. Richtung Afghanistan. Jedes Mal, wenn ich dort war, hörte ich von gestressten deutschen Entsandten, von Mitarbeitern internationaler Stiftungen, Institutionen und Organisationen, dass sie aufgrund der Bundeshaushaltsordnung bis Jahresende das Budget ausgeben müssten. Und das Budget für Afghanistan war groß.

Die Unsummen, die nach Kabul flossen – inflationsbereinigt wie schon einmal ausgeführt weit mehr als die Marshall-Plan-Hilfe für den Wiederaufbau Europas nach dem Zweiten Weltkrieg –, wurden zum Teil ohne Sinn und Verstand ausgegeben, so lautete immer wieder der Vorwurf. Auch wenn die Vorgabe war, schnell und nachhaltig zu sein, waren die Projekte oft nicht nachhaltig; man brauchte einfach rasch Erfolge mit Projekten, die sich auch in den Medien – ergo den Wählerinnen und Wählern zu Hause – gut verkaufen ließen.

Das Problem dabei: Es wurde kaum kontrolliert, und wer am lautesten nach Geld rief, bekam es, so kann man nur leicht überspitzt zusammenfassen. Eine Mitarbeiterin einer deutschen Institution in Afghanistan verrät mir: »Du fragst, wie schwer es war, an Gelder zu kommen? Überhaupt nicht. Wir hatten viel zu viel Geld. Es waren einfach so umfangreiche Mittel für Afghanistan vorgesehen, dass deren Koordination zu einem echten Problem wurde. Es wurden Projekte doppelt und dreifach finanziert, die aneinander vorbeiliefen. Die Afghanen waren überfordert, die Geber waren überfordert, beide Seiten haben zudem nicht miteinander gesprochen. Natürlich hat keines der Geberländer kontrolliert, wohin die Gelder flossen.«

Die Mitarbeiter so einiger Stiftungen hatten überhaupt keinen direkten Kontakt mehr zur afghanischen Bevölkerung. Ein NGO-Gründer, der keine staatliche Hilfe bekam, sondern rein spendenfinanziert in Afghanistan Schreibschulen aufbaute, sagt mir am Telefon mit zynischem Unterton: »Da wohnten sie also im Kabuler Greenvillage in ihrem Camp und verließen es aus Sicherheitsgründen kaum, viele nie. Da hingen dann bayerische Wimpel rum, man hatte gerade Oktoberfest gefeiert. Als sich die Sicherheitslage dann noch mal verschlechterte, kamen sie überhaupt nicht mehr nach Afghanistan, sondern operierten von Dubai aus.« – »Na ja«, relativiert Anne Eberhard auf meine Frage, ob die Mitarbeiterinnen und Mitarbeiter zunehmend die Beziehung zur afghanischen Bevölkerung verloren: »Das betraf vielleicht Diplomaten, aber keine Mitarbeiter anderer Institutionen.«

»Wir wollten Demokratie bringen, aber darum sind wir doch gar nicht gebeten worden«, sagt mir Peter Schwittek, Initiator von OFARIN, einer deutschen Hilfsorganisation in Afghanistan, im Gespräch. »Man dachte, mit viel Geld geht das, Demokratie, »Nation Building«, Aufbau. Es flossen Unsummen nach Kabul.«

Schwittek erwähnt den Artikel eines Mitarbeiters einer

deutschen politischen Stiftung mit dem Titel: »Mein Leben für den Mittelabfluss«. Er schrieb ihn im Ruhestand, vermutlich hätte er vor seiner Pension dafür Ärger bekommen. Ich frage Schwittek, was mit dem Titel genau gemeint sei, worauf er mir die inneren, oft absurden Abläufe von Behörden erläutert: »Der Titel gibt das Unwohlsein vieler Verantwortlicher über die Abwicklung von Projekten wieder, auch des meinen. Es wird ein Projekt geplant und dann eingereicht. Eine Stelle in Deutschland, Tausende Kilometer entfernt, genehmigt dieses Projekt. Die vereinbarten Geldmittel werden zur Verfügung gestellt. Die Stelle, die das Projekt gebilligt hat, kennt das Projekt nicht aus der Nähe. Sie ist an den Projektinhalten nicht interessiert. Das Einzige, was sie beobachtet, ist der Mittelabfluss. Läuft der so wie geplant und gebilligt, ist für diese Stelle die Welt in Ordnung. Ein Mittelabfluss nach Plan suggeriert, dass das Projekt wie vereinbart abläuft. Eine Verzögerung oder gar der Abbruch eines Projektes beschert Schuldzuweisungen und Verunsicherung. Die Störung beim Mittelabfluss muss den vorgesetzten Stellen gemeldet werden. Jemand *muss* schuld an der Störung sein. Das fällt auf den Projektleiter zurück, aber auch auf den, der das Projekt gebilligt hat. Man muss fürchten, dass das auf die ganze Abteilung ausstrahlt. Es könnte das nächste Mal schwieriger werden, beantragtes Geld zu bekommen. Man wird dann genauer geprüft werden. Vielleicht werden zusätzliche Auflagen gemacht. Eine Dysfunktion beim Mittelabfluss schafft Unruhe und Verdruss. Deshalb vermeidet das jeder, mit allen möglichen Tricks.«

Eine weitere ehemalige deutsche Institutsmitarbeiterin erzählt mir: »Zum Beispiel die UNESCO. Sie hat 30 Prozent *overhead cost*, das heißt, von jedem Euro, der in Projekte nach Afghanistan geflossen ist, sind erst mal 30 Cent nach Paris gegangen. Es gab einfach viel zu wenige afghanische NGOs, die das koordinieren und mit den Geldern umgehen konnten. Deshalb ist vieles zurückgeflossen an die Geberländer, in Löhne, Gehälter und Bürokratie. Und das passierte in jedem Sektor; Bildung, Kultur, Militär, Infrastruktur. Wir hatten alle, zugegeben, hohe Gehälter. Die waren aber nicht zu vergleichen mit denen von Beratern, die z. B. bei der ISAF gewesen sind, also NATO usw. Es war einfach nicht zu fassen. Das kannst du dir nicht vorstellen, was da an Geld geflossen ist. Falsch gelaufen ist sicherlich, dass sich die Geberländer nicht koordiniert haben, und natürlich, dass es keine Kontrolle gab, ob die Mittel tatsächlich angekommen sind. Es waren einfach zu viele Mittel da, resultierend aus Versprechungen, die die einzelnen Länder machten. Die Mittel flossen in Projekte, von denen viele absurd waren.«

Ein besonders absurdes Beispiel dafür wird sehr anschaulich in der Doku-Reihe »Wendepunkt« gezeigt: »Auch die Kaschmirindustrie sollte in Afghanistan gefördert werden. Dafür flog man sehr seltene weiße italienische Ziegen ein, um sie mit einheimischen Ziegen zu kreuzen. Sie wollten schnelle Ergebnisse, doch die Leiterin des Projekts, die sowohl etwas von Ziegenzucht als auch von der Kaschmirindustrie verstand, sagte, das gehe nicht in ein bis zwei Jahren. Das dauere mindestens zehn. Doch man wollte nicht warten. Es funktionierte nicht. Die Tiere mussten wegen Krankheit ausgemerzt werden. Viele starben, manche wurden gegessen, ein Jahr später waren keine Ziegen mehr da. Keine einzige.« Insgesamt wurden im Rahmen des Projekts neun Ziegen importiert – für sechs Millionen Dollar.

Ein anderes Beispiel kommt in der Doku vor: Es wird

das 36-Millionen-Dollar-Desaster genannt, das »64k«. Ein 64 000 Quadratmeter großes Gebäude, Hauptquartier in Camp Leatherneck. Der US-General, der damals zuständig war, sagte: »Ich will es nicht, werde es nicht nutzen, und nicht hier sein, wenn es fertig ist. Baut es nicht.« Sie bauten es trotzdem. Es wurde nie benutzt.

Ich frage mehrere Mitarbeiter der GIZ (Deutsche Gesellschaft für Internationale Zusammenarbeit), ob sie mir von gescheiterten Projekten berichten können. Sie streiten nicht ab, dass es gescheiterte Projekte gab, wollen mir jedoch nichts erzählen, da zum Regierungswechsel das für sie zuständige Ministerium auf der Kippe steht und sie es nicht belasten wollen.

Als ich den Entwicklungsminister der letzten Bundesregierung, Gerd Müller, auf die Nachhaltigkeit der Entwicklungshilfe in Afghanistan anspreche, erhalte ich folgende durchweg positive Antwort: »Unser Engagement war nicht umsonst. Deutschland war Teil der großen internationalen Unterstützungsleistung, mit der das Land nach dem Sturz der Taliban 2002 wiederaufgebaut wurde, um den Teufelskreis aus Armut und Gewalt zu durchbrechen. Das Ergebnis: 87 Prozent der Afghanen hatten zuletzt Zugang zu Gesundheitsdiensten – vor 20 Jahren waren es nur 8 Prozent. Allein Deutschland hat 35 Krankenhäuser gebaut oder renoviert. Zwei Drittel der Afghanen haben jetzt Zugang zu Trinkwasser – 2002 waren es nur 28 Prozent.

Wir haben erreicht, dass fast alle Kinder zur Schule gehen. Das ist etwas, was bleibt. 12 Millionen Kinder profitieren davon, vor allem Mädchen – 2001 waren es nur eine Million. Bildung kann man nicht wegnehmen, sie ist für jeden ein Segen. Seit 2002 ist die deutsche Entwicklungszusammenarbeit in Afghanistan aktiv, um die Lebensbedingungen in einem der ärmsten Länder der Welt zu verbessern sowie die Menschen- und Frauenrechte zu stärken. Dazu wurden knapp 3,5 Milliarden Euro zugesagt, insbesondere für die Bereiche Bildung, Beschäftigung und nachhaltiges Wirtschaftswachstum, Energie, Klimaschutz. Rechte von Frauen und Mädchen sind in allen Projekten verankert. Diese Zusagen sind an Reformen gebunden, u. a. zur Korruptionsbekämpfung und Schaffung von Gleichberechtigung sowie an den Betrieb und die Wartung der gebauten Anlagen.«

Die Frage, die ich mir stelle, als ich die Ausführungen des Bundesentwicklungsministeriums (BMZ) lese: Warum hat es dann nicht geklappt? Ich gebe meine Frage an Schwittek weiter: »Klingt das nicht nach einer guten Bilanz? Ist die deutsche Entwicklungshilfe in Afghanistan also erfolgreich gelaufen?« Es folgt ein Sturm an Antworten:

»Was heißt ›Zugang zu Gesundheitsdiensten‹? Wer in Afghanistan ernsthaft krank war, ließ sich in Indien oder Pakistan behandeln. Das war nicht nur in feinen Kreisen üblich, sondern bei der gesamten Bevölkerung. Im November-Rundbrief 2021 habe ich einen Link zu einem Artikel über einen Ärzte-ohne-Grenzen-Einsatz im »Deutschen Ärzteblatt« angegeben. Dessen Autor meint auch, dass sich die ärztliche Versorgung seit 2001 nicht verbessert habe.

Das Schulwesen hat sich ebenfalls nicht verbessert. In Müllers Ministerium hatte man keine Ahnung von afghanischen Schulen und von den Auswirkungen der deutschen Entwicklungshilfe dort. Deutschland finanzierte den öffentlichen Dienst mit, bezahlte zusammen mit anderen Ländern auch alle Lehrergehälter. Was in den Schulen geschah, unterlag der afghanischen Souveränität. Nur in der deutschen

Amani-Oberrealschule und in zwei deutschen Mädchen-schulen arbeiteten deutsche Lehrkräfte, die vom Auslands-schuldienst entsandt waren. Ansonsten kam keine deutsche und internationale Entwicklungshilfe im internen Betrieb des afghanischen Unterrichts an. Man hat sich nur im Umfeld engagiert, beim Bau von Schulgebäuden und in Lehrer-fortbildungen.

Die Unterstützung der Schulen durch Baumaßnahmen seitens des BMZ war heikel, weil da viel Geld drinsteckte. Bauaufträge wurden an afghanische Unternehmer vergeben. Sehr oft wurde der Auftrag an andere Unternehmer weiter-verkauft, und das mehrfach, bis nur noch so viel Geld üb-rig war, dass man damit das vereinbarte Gebäude nur not-dürftig bauen konnte. Zu erkennen war das besonders an den Decken. Die wurden nur von Zweigen gehalten, keinen Balken. Wegen der offensichtlichen Korruption wären keine Baumaßnahmen mehr vertretbar gewesen. Aber die Mittel mussten fließen. Es wurde weitergebaut.

In der Bildung war es ähnlich. In einigen Provinzen fanden Lehrerfortbildungen statt. Die afghanischen Lehrkräfte wurden aber nicht direkt von deutschen Experten unterrich-tet. Die Deutsche Gesellschaft für Internationale Zusam-menarbeit (GIZ) hatte die Idee, über sogenannte Multiplika-toren das Wissen an möglichst viele afghanische Lehrkräfte weiterzugeben. Diese Multiplikatoren waren afghanische Pädagogen, die durch ihre »Verdienste« auf diesen Posten gelangten und dafür sehr hohe Gehälter bekamen. Nur sie wurden direkt von deutschen Lehrerinnen und Lehrern ge-schult. Mit dem neumodischen Zeug des deutschen Schul-systems hatten die Multiplikatoren aber nichts am Hut, ge-schweige denn mit dessen Weitergabe. Teilweise zu Recht:

Mit dem afghanischen Schulalltag hatte das alles nichts zu tun – die Deutschen kannten den afghanischen Schulalltag eben nicht.

Ich habe engagierte, aber verzweifelte Lehrerinnen und Lehrer kennengelernt, die entschieden, nur noch direkt mit interessierten afghanischen Lehrern zu arbeiten, nicht mehr mit Multiplikatoren. Als die GIZ das erfuhr, wurden sie streng angewiesen, sofort zum Multiplikatorensystem zurückzukehren. Viele der deutschen Lehrer kündigten daraufhin vorzeitig. Die Erfolge des BMZ in Afghanistan sind einfach sehr dürftig. Im Unterrichtsbereich ist das Niveau an den Schulen grottenschlecht geblieben. Die Entwicklungshilfe hat nicht geholfen.«

Nicht nur das. Sie war so planlos durchgeführt, dass in den von internationalen Geldgebern finanzierten Schulen gegen eben diese Hass geschürt werden konnte. Grünen-Parteichef Omid Nouripour beschreibt mir diese absurde Situation, die er vor Ort beobachtet hat:

»Nichts war durchdacht. Jahrelang hat man Schulen gebaut, ohne sich drum zu kümmern, ob es Schulbücher gibt. Die ersten zehn Jahre gab es – zumindest im Westen des Landes – Schulbücher aus dem Iran. Da stand nichts Gutes über die Amerikaner drin, doch die Amerikaner waren diejenigen, die mit diesen Leuten arbeiten wollten.«

Auch im Gesundheitsbereich kann Schwittek den Erfolg der deutschen Entwicklungshilfe, wie ihn mir der ehemalige Entwicklungsminister Gerd Müller auf Anfrage beschrieben hat, nicht bestätigen:

»Es haben sich in großen Städten ausländische Gesundheitsfirmen niedergelassen, vor allem aus Indien und Pakistan. Die Bevölkerung zieht es aber vor, sich in den Nachbarländern behandeln zu lassen. Aus eigener Erfahrung weiß ich, dass man in Kabul durchaus qualifizierte Fachärzte finden kann. Aber da muss man sich auskennen. Diese tüchtigen Ärzte verdanken ihr Können zudem kaum der deutschen Entwicklungshilfe. Erfolgreich arbeitende Krankenhäuser wie das von Karla Schefter gegründete Chak-e-Wardak-Hospital oder das Anti-Lepra-und-Tuberkulose-Programm Lepco, das einmal von Ausländern ins Leben gerufen wurde und seit über einem Jahrzehnt ohne ausländische Führung reüssiert, sind Privatinitiativen zu verdanken. Das BMZ und die GIZ betreiben Entwicklungshilfe als deutsche Behörden für afghanische behördliche Institutionen. Das ist eine sehr unglückliche Konstellation. Inkompetenz trifft auf Inkompetenz.

In meinen Augen ist das, was in Afghanistan geschah, ein schwerer Verstoß gegen unser Recht«, sagt Schwittek. »Der Grundsatz, die Ausgabe von staatlichen Geldern penibel zu prüfen, gehört zum Rechtsstaat. Er ist unerlässlich. Wenn keine ausreichenden Kontrollen möglich sind, darf kein Projekt durchgeführt werden. Wird dieser Grundsatz nicht eingehalten, schadet man nicht nur Deutschland, sondern auch dem Entwicklungsland. Diese Verbrechen haben nicht nur dem deutschen Steuerzahler schweren Schaden zugefügt. Sie haben in Afghanistan zu Bestechung und zu kriminellen Auseinandersetzung unter den Nutznießern geführt. Sie haben den öffentlichen Dienst Afghanistans und die Sitten für das Zusammenleben nachhaltig versaut.«

Afghanistan nahm unter den Empfängerländern deutscher Entwicklungshilfe bisher die Spitzenposition ein. Die US-Regierung hat im Haushaltsentwurf 2022 Hilfen für Afghanistan in Höhe von 3,3 Milliarden US-Dollar vorgesehen.

75 Prozent des afghanischen Staatshaushaltes werden über internationale Entwicklungshilfegelder finanziert: Jährlich rund 8 Milliarden US-Dollar. Dazu flossen noch reichlich Off-budget-Zahlungen, vor allem aus den USA für den Sicherheitshaushalt. Off-budget werden Zahlungen genannt, die jenseits des geplanten Budgets des genehmigten Haushalts geleistet werden.

Es gab aber auch erfreuliche Entwicklungen, zum Beispiel bei den Medien. Nach 2001 hielt eine nie gekannte Pressefreiheit Einzug. Auch von den Filmschaffenden wurden neu gewonnene Räume kreativ genutzt. »Aber das wäre auch geschehen, wenn man die GIZ aufgelöst hätte«, meint Schwittek.

Für sein eigenes Unternehmen zieht er folgendes Fazit: »Die 9000 Schüler und 600 Trainer, Verwalter, Lehrkräfte, die OFARIN 2016 hatte, kann man nicht nur mit Charisma koordinieren. Die afghanischen Kollegen hatten verstanden, dass sie einem wichtigen Programm für ihre Mitbürger dienten. Unser Programm war angekommen. Man war stolz darauf, bei uns mitzuarbeiten, auch wenn die Bezahlung nicht großartig war.«

Ich erzähle Schwittek, dass mir ein deutscher Abgeordneter im Herbst 2021 auf einer Veranstaltung sagte, die Afghanen könnten doch auch dankbar sein, sie hätten jetzt zumindest 20 Jahre Demokratie gehabt. »Ich nehme an, Sie haben dem Herrn eine schallende Ohrfeige verabreicht«, antwortet mir Schwittek. Habe ich nicht, aber ich war entsetzt ob der großen Arroganz und Überheblichkeit.

10 Das Kartenhaus

Ein US-Beamter:

Wir nannten die afghanische Regierung auch VICE:
»Vertikal integriertes kriminelles Unternehmen«

»Ashraf Ghani, Hamed Karzai, ihre Familienangehörigen, sie hatten aus der Zeit ihres Exils alle US-Pässe, internationale Pässe, parkten ihre Familien im sicheren Ausland – sie hatten alle Exit-Strategien, von Anfang an. Sie bleiben nicht, wenn es nicht funktioniert – sie müssen nicht mit den Konsequenzen leben, wenn es nicht funktioniert«, sagt mir eine junge Frau in Kabul, die alles verloren hat. Sie war Dozentin an der Universität der Hauptstadt.

Ein Sonderbericht des »Afghan Analysts Network« untersucht, warum die Umsetzung der politischen Vision des Bonner Abkommens von 2002 und der Verfassung von 2004 mit ihren Versprechen einer repräsentativen Demokratie ausgeblieben ist. Antworten finden sich laut dem Bericht in der enormen Menge an internationalen Zahlungen, die seit 2001 nach Afghanistan geflossen sind, sowohl an Hilfsgeldern als auch an militärischen Ausgaben. Diese Zahlungen haben die afghanische Regierung finanziert und seien in den letzten 18 Jahren ein wichtiger Bestandteil des Nationaleinkommens gewesen. Doch hätten sie laut des Berichts die Demokratie sabotiert und die Binnenwirtschaft untergraben.

In einer Analyse im Magazin »Politik und Zeitgeschehen« von Thomas Ruttig, dem Co-Direktor des unabhängigen Thinktanks »Afghanistan Analysts Network«, aus dem Jahr 2010 heißt es: »Trotz aller Hindernisse und gerade weil das System Karzai selbst zu einem Hindernis für eine positive Entwicklung geworden ist, kann sich der Westen bei entsprechendem politischem Willen stärker für effiziente, nicht korrupte Regierungsstrukturen einsetzen. Gleichzeitig muss es gelingen, den Eindruck zu vermeiden, dass ein Besatzungsregime alle wichtigen Entscheidungen selbst trifft.«

Ich frage mich, warum nichts geändert wurde, wenn man schon all die Fehler im System kannte.

Weiter heißt es bei Ruttig: »Insgesamt entpuppt sich der ›Strategiewechsel‹ der USA unter Obama als Strategieanpassung. Im Mantel neuer Rhetorik wird alter Wein in neuen Schläuchen vermarktet oder zumindest als richtig Erkanntes zu spät umgesetzt. Fraglich ist, ob die von Ende des Jahres 2001 an in zahlreichen Irrwegen verlorene Zeit wieder aufgeholt und Fehler vor allem im Aufbau der afghanischen Institutionen rechtzeitig korrigiert werden können – und das gegen den Widerstand wichtiger Elemente der Karzai-Regierung.«

Heute wissen wir, die Antwort auf diese Frage lautet: Nein.

Das afghanische Staatssystem war auf die Person Karzais zugeschnitten und führte zu einer Überzentralisierung, die dafür sorgte, dass alle Instanzen unter dem Präsidenten gelähmt waren. Die Gewaltenteilung wurde ausgehebelt, das Parlament geschwächt, indem keine Parteien zu den Wahlen zugelassen wurden, die Unabhängigkeit des Justizwesens unterminiert sowie alternative politische Kräfte marginalisiert. Eine größtenteils korrupte Oberschicht profitierte von der Milliardenhilfe der westlichen Geber.

Was ist falsch gelaufen? Gab es überhaupt eine Figur, die in der Lage gewesen wäre, die afghanische Nation zusammenzuhalten? In Gesprächen höre ich immer wieder: Ja, es gab eine. Und die wurde bei der verfassungsgebenden Versammlung der Loya Dschirga geopfert: Zahir Schah. Der ehemalige König von Afghanistan, der 1973 gestürzt worden war. Er hätte eine integrierende Rolle einnehmen können. Er bot es 2001 an, wurde aber abgelehnt. Ich treffe seinen Enkel Sardar Muhammad Nadir Naeem in seinem Haus in Kabul.

»1300 Mitglieder der Loya Dschirga – der traditionellen Versammlung, die eine neue Verfassung entwerfen sollte, stimmten vor dem offiziellen Zusammentreffen ab, wer das Staatsoberhaupt werden sollte. Mehr als 900 stimmten für Zahir Schah, der das Land bis 1973 40 Jahre lang regiert hatte. Die Entscheidung der Afghanen wurde ignoriert. Karzai sollte Präsident werden und wurde es. Die USA wollten es so. Auch hier spielte schon Zalmay Khalilzad, Ex-US-Botschafter afghanischer Herkunft, eine Rolle. Er war 2020 auch Unterzeichner der Taliban-Friedensverträge. Auch auf sein Drängen wurde Karzai Präsident«, sagt mir der Enkel von Zahir Schah. »Das wird ihm bis heute vorgeworfen: Die Afghanen wollten nicht Karzai, sondern Zahir Schah«, sagt Naeem.

Und dann nahm das Spiel seinen Lauf. Das amerikanische Narrativ lautete Jahr für Jahr: Es läuft gut. Man wollte es so kommuniziert sehen. Es führte zur fatalen Fehleinschätzung der Lage in Afghanistan. Ein Problem war, dass sich die internationale Staatengemeinschaft immer auf Kabul fokussierte. Und dass die Regierung Karzai genau wusste, wie sie was zu sagen hat, damit sie den Westen bei Laune hält und das Geld weiter fließt. Ich nenne das die rosarote Kabul-Blase. Doch Kabul ist nicht Afghanistan, so sehr sich der Westen das vielleicht gewünscht hätte.

Wer sind die Millionen Menschen außerhalb Kabuls? Wie denken sie? Über die Machtübernahme der Taliban, die Situation der Frauen, wer Schuld an der jetzigen Situation hat, wer sich freut oder verstecken muss?

Ich möchte raus aus Kabul. Im Flugzeug nach Kandahar frage ich den Steward, ob ich den Platz wechseln kann, weil ich gerne aus dem Fenster filmen würde. Er fragt einen Herrn in der Reihe vor mir. Der erwidert, weil ich Gast in seinem Land sei, überlässt er mir gerne seinen Platz. Ich setze mich ans Fenster. Der junge Mann neben mir sagt: »Hi. How are you?«, in perfektem Englisch. »My Name is Noman.« Ich frage ihn, ob er zu Besuch sei und warum genau in dieser Zeit. Nein, er sei mit seiner Mutter in San Francisco aufgewachsen und mit 17 auf Wunsch seines Vaters nach Afghanistan zurückgekehrt. Sein Vater sei General der Armee gewesen und er selbst 2019 in die afghanische Armee eingetreten. Er fliegt zum ersten Mal nach Kandahar. Er wird nicht lange dortbleiben. Am nächsten Tag ginge sein Flug in den Iran. Dort oder in irgendeinem anderen Land wird er dann bleiben. Nur nicht mehr in Afghanistan. In seinem Land, für das er sein Leben in den USA aufgegeben hat, ist kein Platz mehr für ihn. Er muss fliehen.

»Sie finden dich. Der pakistanische Geheimdienst hat gleich in den ersten Tagen nach dem Sturz der Regierung Ghani den Taliban die Datenbanken der Armee übergeben. Jetzt haben sie alle Namen, inklusive Fingerabdrücke. Die Datenbanken sind mit den Scannern am Kabuler Flughafen verbunden. Du gehst also zum Flughafen, denkst, du kommst raus, man nimmt deinen Fingerabdruck, und dann ziehen sie dich raus und stülpen dir ein schwarzes Tuch über den Kopf. Du verschwindest oder wirst getötet. Sie lassen dich nicht am Leben. Einige meiner Freunde sind deshalb jetzt tot.«

Laut »Human Rights Watch« (HRW) haben Taliban-Kräfte in Afghanistan seit der Übernahme des Landes am 15. August 2021 trotz einer verkündeten Amnestie allein in vier Provinzen mehr als 100 ehemalige Polizei- und Geheimdienstbeamte standrechtlich hingerichtet oder gewaltsam verschwinden lassen. Und das sind nur die Fälle, die HRW bekannt sind. Die Meldung ist von Anfang Dezember 2021. »Die versprochene Amnestie der Taliban-Führung hat lokale Kommandeure nicht davon abgehalten, ehemalige Mitglieder der afghanischen Sicherheitskräfte kurzerhand hinrichten oder verschwinden zu lassen«, sagt Patricia Gossman, stellvertretende Asien-Direktorin von »Human Rights Watch«.

Sein Vater werde ziemlich sicher auf der Liste stehen, sagt mir mein Sitznachbar noch. Er verstecke sich im Moment und versucht über den Landweg rauszukommen.

Auf der Seite des Auswärtigen Amtes von August 2008 steht: »Unser Ziel ist es, dass Afghanistan sich mittelfristig selbst helfen kann. Wir müssen es in die Lage versetzen, seine junge Demokratie aus eigener Kraft gegen die Angriffe seiner Gegner zu verteidigen. Wir dürfen nicht zulassen, dass das Land wieder in extremistische Hände fällt. Das würde auch die Sicherheit der Menschen hier in Deutschland gefährden. Deswegen hilft Deutschland ganz besonders beim Aufbau der afghanischen Polizei und Armee.«

Afghanistan ist jetzt exakt in der Situation, die man verhindern wollte. Aus mehreren Gründen war man dazu nicht in der Lage. Zum einen ist da die Fehleinschätzung der Motivation afghanischer Soldaten, die nie so zahlreich waren, wie von den Generälen angegeben. 300 000 Soldaten waren nicht in der Lage, gegen 60 000 Taliban-Kämpfer zu gewinnen? Jetzt kommt ans Licht: Es waren nie 300 000 Soldaten im Einsatz. Als ich Noman frage, ob die Generäle fiktive Zahlen nannten, um mehr Geld zu kassieren, erwidert er: »Ich kann nicht für die gesamte Armee sprechen. Aber ich kann sagen, dass es in den Einheiten, in denen ich war, einige gab, die ihre Familienangehörigen in die Armee brachten. Die waren dann nie im Einsatz, kassierten aber ihren Sold. Unsere Regierung hat immer nur an Geld gedacht. Das war ihre einzige Motivation. Deshalb haben sie das Land verkauft, und dann sind sie gegangen und haben uns geopfert.«

Eine funktionierende Armee aufzubauen, war eines der wichtigsten Ziele der Geberländer. Doch das Vorhaben scheint von Beginn an zum Scheitern verurteilt gewesen zu sein.

Fatal war auch, dass in Afghanistan eine Armee nach amerikanischem Vorbild aufgebaut werden sollte. Der Westen verstand zu keinem Zeitpunkt die Kultur und Traditionen des Landes, die Mentalität der Bevölkerung. Und: Laut Schätzungen waren 80 bis 90 Prozent der Rekruten Analphabeten. Dass die Soldaten die Angriffsstrategien, die die Amerikaner ihnen in PowerPoint-Präsentationen erklärten, nicht umsetzen konnten, liegt auf der Hand. Während die amerikanische Regierung der Öffentlichkeit vorgaukelte, die afghanische Armee würde große Fortschritte machen, lief es in Wahrheit gar nicht gut.

»Sicher war unsere Armee nicht 300 000 Mann stark, wie es immer behauptet wurde«, meint Sardar Naeem. »Wir hatten eine Geisterarmee. Geisterlehrer, enorme Korruption überall. Die Frage, die ich mir stelle, ist: Wussten das die USA? Sie hatten doch die SIGAR-Reporte [Special Inspector General for Afghanistan, eine US-Behörde, die vom amerikanischen Kongress eingerichtet wurde, um politische Irrtümer in Afghanistan zu erörtern; Anm. d. Autorin]. Europa wusste es auch. Warum hat man diese Fakten nicht als Druckmittel gegen die afghanische Regierung benutzt?«

Laut den »Afghanistan Papers« des US-amerikanischen Journalisten Craig Whitlock sind 40 Prozent der mehr als eine Billion US-Dollar in die Hände korrupter Beamter geflossen. In die Machtelite. Es gab in Afghanistan kaum einen Minister, der nicht Millionär oder Milliardär war. Die Gelder für den militärischen Aufbau sind in großen Mengen auf Konten in Dubai gelandet oder in der Schweiz.

In der BBC wurde im November 2021 ein Gespräch mit dem Finanzminister der gestürzten afghanischen Regierung, Khalid Payenda, ausgestrahlt. Auch Payenda sagt, dass der Westen für die afghanische Armee regelmäßig Geld für 300 000 Soldaten gezahlt habe. Die Truppe habe aber kaum 50 000 Mann unter Waffen gehabt. Die Generäle hätten immer überhöhte Zahlen angegeben, damit sie dafür das Geld vom Westen bekämen. Die Soldaten hätten sie dagegen nicht regelmäßig besoldet. Von den Taliban hätten sie auch noch Geld bekommen, wenn sie freiwillig Stellungen aufgaben.

»Ich denke, die letzten 20 Jahre hatten wir eine goldene Chance, die wir Afghanen verpasst haben«, resümiert Sardar Naeem. Wer ist »wir«, frage ich. Wir sitzen bei Tee und afghanischem Gebäck in seinem Haus, es ist kalt. Es gab mal wieder einen Stromausfall; die Heizungen sind seit Stunden ausgefallen. »Die afghanische Bevölkerung, Afghanistan.« Er richtet sich auf und spricht weiter: »Lassen Sie mich eine Geschichte erzählen. Ex-Präsident Karzai kam alle zwei, drei Tage zu meinem Großvater und unterrichtete ihn über die Entwicklung im Land. Ich erinnere mich insbesondere an *einen* Besuch von Karzai bei uns. Er kam ins Zimmer gestürmt – Karzai hatte immer einen schnellen Schritt drauf –, energisch und prächtig gelaunt. Er sagte: ›Eure Majestät‹ – er sprach meinen Großvater Zahir Schah immer noch mit seinem Titel an –, ›ich habe großartige Nachrichten für Sie.‹ Mein Großvater antwortete: ›Setzten Sie sich erst einmal.‹ Karzai saß kaum, da legte er los: ›Ich komme gerade aus den USA zurück und wissen Sie, was sie mir versprochen haben? Fünf Milliarden Dollar.‹ Mein Großvater sah ihn an und sagte: ›Aha, fünf Millionen Dollar.‹ Und Karzai antwortete: ›Nein, nein, 5 MILLIARDEN Dollar.‹ Mein Großvater sagte: ›Können Sie das wiederholen?‹ Er drehte sich zu mir um – das machte er öfter, wenn er hundertprozentig sicher sein wollte. Ich wiederholte es für ihn: ›Sir, der Präsident sagte fünf Milliarden. Das heißt Fünftausend Millionen.‹

Mein Großvater sagte darauf: ›Jetzt kann Afghanistan wirklich reich werden.‹«

Genau in diesem Augenblick wird es dunkel in Sardar Muhammad Nadir Naeems Haus, schon wieder Stromausfall. Der Enkel des Schahs und ich sehen nicht mal mehr die eigene Hand vor Augen. Afghanistan hat keinen eigenen

Strom, er muss vor allem aus Usbekistan importiert werden. Stromausfälle gibt es täglich, für mehrere Stunden. Seit Sommer hat Afghanistan die Stromschulden an seine Nachbarländer nicht gezahlt: 100 Millionen US-Dollar.

Es ist für einen kurzen Moment sehr still, bis der Generator anspringt. »Herr Sardar Naeem, ich höre die Generatoren, es gab Stromausfall, das dritte oder vierte Mal heute, sie sprachen gerade von fünf Milliarden, und das war nur ein Bruchteil der Summen, die ins Land flossen. Was wurde mit diesem Geld gemacht? Ich kam auf der Straße von Kandahar nach Kabul, sie ist zerstört, kaum befahrbar. Wo ist das Geld?« Auf meine Frage antwortet er resigniert: »Ich denke, ziemlich viele Afghanen haben dieselbe Frage. Wissen Sie, die Realität sieht so aus, dass dieses Geld überhaupt nie in Afghanistan ankam, nur ein Bruchteil. Vielmehr trug das Geld dazu bei, dass Afghanistan zu einem der korruptesten Staaten der Welt wurde. Die Korruption fand aber nicht nur auf afghanischer Seite statt. Auf der Geberseite gab es genauso Korruption.«

Ich stelle einen Kontakt zu Hossein Rezaei her, einem ehemaligen Mitarbeiter des Korruptionsausschusses in Kabul. Er hat acht Jahre lang in der Behörde gearbeitet, die in den letzten Jahren der Karzai-Herrschaft von der afghanischen Regierung und der internationalen Gesellschaft aufgebaut wurde. Damals hat Karzai die internationale Gemeinschaft der Korruption beschuldigt, und die internationale Gemeinschaft beschuldigte Karzai. Dieser Ausschuss sollte eine Aufsichtsfunktion für beide Seiten haben und Studien durchführen. »Später arbeitete ich im Inspektionsamt des Präsidialamtes, das die Aufgabe hatte, die politische Korruption unter die Lupe zu nehmen. Nach eincm Jahr wurde dieses Amt wegen starker Widerstände korrupter Netzwerke vom Parlament nicht bestätigt«, erzählt mir Rezaei. »Zuletzt kam Corona, und die internationale Gemeinschaft hat wieder viel Geld für die Bewältigung der Pandemie bewilligt. Die Presse berichtete über massive Korruption auch in den Provinzen, was die Corona-Hilfen betrifft. Daraufhin befahl Staatspräsident Ghani dem Inspektionsamt, seine eigentliche Arbeit zu unterbrechen, zu Korruption in Bezug auf Corona-Gelder zu recherchieren und korrupte Offizielle vor Gericht zu bringen. Das letzte Jahr arbeitete ich in diesem Inspektionsamt.«

Rezaei meint, dass die Korruption der Grund dafür ist, dass Afghanistan am 15. August fiel und von den Taliban erobert wurde. »Viele Gründe werden dafür genannt, die vielleicht auch wichtig sind. Die Hauptursache dafür ist aber aus meiner Sicht die weitgehende Korruption, die die nationalen und internationalen Institutionen daran hinderte, ihre Arbeit zu machen.«

Afghanistan ist eines der korruptesten Länder. 2020 steht es auf der Liste von »Transparency International« auf Platz 165 von 180 gelisteten Ländern. Im Jahr 2012 lag es auf Platz 176.

»Erklären Sie mir doch bitte, wie das Geld, das aus dem Ausland kam, in den Taschen von wenigen Personen verschwand«, bitte ich Rezaei. »Wir haben zahlreiche Berichte, dass schon bei der Vergabe von Projekten aus dem Ausland eine Menge an Provisionen flossen. Und dann gab es zum Teil mehrere Auftragnehmer. Das heißt, eine Institution schloss einen Vertrag ab und bekam für ein Projekt zum Beispiel 100 000 US-Dollar. Dann beauftragte sie eine weitere Institution, also einen Subunternehmer, der für die gleiche

Arbeit 80 000 US-Dollar erhielt. So ging es weiter bis zum fünften oder sechsten Auftragnehmer, und da blieb dann nicht mehr viel übrig für das eigentliche ›Projekt‹. Außerdem wurde in den ersten Jahren viel Geld für Sicherheitskosten ausgegeben. Bisweilen wurden 50 Prozent des Budgets in Sicherheit investiert. In den südlichen Provinzen hatten wir oft Projekte, die nicht durchgeführt wurden. Die Gelder waren aber ausgegeben.«

»Hat keiner kontrolliert?«

»Die Kontrollorgane hatten keinen Zugang zu unsicheren Provinzen, und es fand daher keine Aufsicht und kein Monitoring statt, ob und wie das eine oder andere Projekt durchgeführt wurde. In Kandahar und Helmand gibt es dafür viele Beispiele.«

»Wurde aus dem Ausland nicht nach Berichten gefragt, die den Projektstand dokumentierten, nach Fotos oder Filmen?«

»Sie kannten die Geographie des Landes nicht. Und eine Besichtigung war nicht möglich, weil der Süden unsichere Zone war und das meiste Geld im Süden ausgegeben wurde. Es wurde Geld für die Errichtung einer Schule zugeteilt. Die Schule wurde aber nicht gebaut, und man hat Berichte mit Fotos von einer anderen Schule geschickt.

Ein Teil des Geldes wurde von den Afghaninnen und Afghanen selbst – vor allem von den Machthabern – veruntreut. Wir haben eine Zeit lang Informationen über das afghanische Bildungsministerium recherchiert, das über 120 000 Angestellte und Lehrkräfte hat. Wir fanden heraus, dass ein Großteil der Lehrkräfte des Ministeriums gar nicht existiert. Es wurden Gehälter überwiesen an fiktive Personen, die in den Schulen nicht anwesend waren, nie unterrichteten. Diese Gelder flossen in verschiedene Taschen. Zum Beispiel hat der Kommandant der Sicherheitskräfte oder Leiter der Dienststelle des Bildungsministeriums in einer Provinz oder einem Distrikt diese Gelder einkassiert. Oder aber die Bediensteten bekamen jahrelang weiterhin ihre Gehälter, obwohl sie gekündigt hatten oder in den Iran oder nach Pakistan geflohen waren. Soldaten, die gefallen waren, erhielten weiterhin ihren Sold aufs Konto. Ganz einfach, weil das Verwaltungssystem in Afghanistan nicht richtig funktionierte.

Die Korruption in Afghanistan ist ein Netzwerk, ein Staat innerhalb des Staates. Viele Afghanistan-Experten sind der Meinung, dass Korruption sogar ein Stilmittel der Staatsführung war. Korruption wurde Teil der Kultur Afghanistans. Wer in Afghanistan nicht korrupt war, galt als konservativ, ängstlich und dumm, als jemand, der die Gelegenheit nicht nutzte.

Korruption war nicht auf die Regierung beschränkt, sie gab es auch in der Zivilgesellschaft und mehr oder weniger in den Medien. Die Afghanen waren korrupt geworden. Ich möchte sie auch nicht verurteilen, weil das Bildungsniveau in Afghanistan niedrig ist. Mit Geld ließ sich alles erreichen. Man wurde quasi dazu erzogen. Zum Beispiel könnte man das gerichtsmedizinische Institut dazu bewegen, einen Toten als lebendig und eine lebende Person als gestorben zu bescheinigen. Beispiele solcher Art gab es viele.

Bei den Wahlen glichen die Parteien einem Korruptionssyndikat. In Wirklichkeit gab es keine Parteien, sondern Gruppen von Menschen, die sich zu ihrem eigenen finanziellen Vorteil zusammenschlossen. Die Parteien wurden vom Staat finanziert, waren aber finanziell nicht transparent. Die Mitglieder zahlten keine Beiträge.

Es gibt viele Beispiele dafür, dass Aktivisten in verschiedenen Bereichen, unter anderem dem der Menschenrechte, in einer kurzen Zeit sehr reich wurden. Ich bin der Meinung, dass viele, die sich in Afghanistan als Verteidiger der Menschenrechte ausgeben, den Menschenrechten am meisten geschadet haben. Ein Teil der afghanischen Zivilgesellschaft machte daraus ein Business: Wie und von welcher Botschaft oder Institution bekommt man für Projekte Gelder? Hier lief nichts ohne Bestechung. Wenn man keine Provision zahlte, bekam man kein Projekt.

Solche Netzwerke gab es in der Regierung, in der Zivilgesellschaft, in den Parteien und Medien. Bei den Wahlen hätten Politiker die Stimme der Menschen nicht bekommen, ohne den Wählern Geld oder Vorteile zu versprechen. Der Kauf von Wählerstimmen wurde vom staatlichen Haushalt finanziert. Die Korruption war ein Teufelskreis. Das Parlament zum Beispiel war eine totale Katastrophe. Ich kann Ihnen sogar sagen, es wäre besser gewesen, wenn es kein Parlament gegeben hätte. Die Abgeordneten kauften die Stimmen, um ins Parlament zu kommen, dann verkauften sie den Ministern ihre Stimme. Immer wenn sie Geld benötigten, missbrauchten sie ihre Ämter, setzten Ministerinnen und Minister unter Druck, um zum Beispiel einem Cousin ein bestimmtes Projekt zuzuschanzen, leiteten Amtsenthebungsverfahren ein und taten das so lange, bis sie wieder Geld bekamen.

Oder sie sorgten dafür, dass ihre Angehörigen oder Freunde in Schlüsselpositionen gelangten, damit sie an Geld kamen. Oder sie haben gegen Geld Leistungen erbracht. Ich habe persönlich erlebt, dass ein befreundeter Abgeordneter 15 000 oder 20 000 US-Dollar bekommen hat, um jemanden in eine Schlüsselposition zu bringen. So kaufte der Abgeordnete die Stimme der Menschen, der Minister kaufte die Stimme der Abgeordneten, und dann musste der Minister diese Gelder vom Staatshaushalt finanzieren. So ging es immer weiter mit dem Korruptionsteufelskreis.

In der Justiz war es auch so, dass man sich Gerechtigkeit erkaufen musste. Wenn Sie sich an ein Gericht oder an die Staatsanwaltschaft wendeten, mussten Sie zahlen. Auch an die Polizei. Korruption war in der Gesellschaft so verankert, dass die Öffentlichkeit den Kampf gegen Korruption wenig unterstützte. Ich möchte Ihnen zwei Korruptionsmodelle im Sicherheitssektor erläutern: Erstens war das System nicht auf Kompetenz und Leistung ausgerichtet. Diejenigen ohne gute Verbindungen wurden bei Kämpfen immer an der vordersten Front eingesetzt. Wer gute Beziehungen hatte, war meistens im Urlaub oder auf weniger gefährlichen Posten. Weder die Verteilung auf die Provinzen in Afghanistan noch des Urlaubs lief gerecht ab. Ein weiteres Problem lag darin, dass – insbesondere in der Amtszeit von Ghani – die Posten im Bereich der Sicherheit nach Volkszugehörigkeit verteilt wurden. Das heißt: Ghani vergab wichtige Posten an blutjunge, ihm treue Paschtunen. Später haben wir gemerkt, dass dadurch die Armee und die Sicherheitsorgane in den Händen der Paschtunen lagen. Und da auch die Taliban Paschtunen sind, war die Motivation dieser Sicherheitskräfte überschaubar, gegen die Taliban zu kämpfen. Wir hatten sogar Informationen, dass Paschtunen Sicherheitskräfte, die aus einer anderen Ethnie stammten, daran hinderten, gegen die Taliban zu kämpfen. Später haben wir erfahren, dass die freiwilligen Widerstandskämpfer von der Regierung nicht unterstützt und nicht bewaffnet worden waren. Auch deswegen hat es bis heute keinen großen Widerstandskampf gegen die Taliban gegeben, obwohl es in der Bevölkerung einen spürbaren Hass gegen sie gab.«

»Herr Rezaei, warum wurde nie jemand verurteilt? Alle wussten doch, dass diese Leute Gelder in die Tasche stecken, und im Ausland wusste man es auch. Warum?«

»Für die Bekämpfung der Korruption in der Verwaltung gab es keinen politischen Willen: weder bei Ghani noch bei den Parteien, die selbst korrupt waren, im Kabinett ebenso wenig, und auch die Abgeordneten waren korrupt. Von ihnen konnte man nicht erwarten, Korruption zu bekämpfen. Zweitens war die internationale Gemeinschaft weder ehrlich noch hatte sie den Willen, die afghanische Regierung ernsthaft unter Druck zu setzen und klarzumachen, dass es Konsequenzen hat, wenn gegen Korruption nicht vorgegangen würde.

Die internationale Gemeinschaft ist auch insofern schuld, als sie einen Teil des Geldes über Nichtregierungskanäle ins Land brachte. Die Ausländer und die internationale Gemeinschaft haben mehr Geld nach Afghanistan gebracht, als die Regierung hätte ausgeben können.

Afghanistan ist eine traditionelle, konservative und religiöse Gesellschaft. Und das Geld, das aus dem Ausland kam, war ja das Geld der Ungläubigen (Kuffar). So hatte man eine religiöse Rechtfertigung dafür gefunden, das Geld einzustecken. Die Taliban profitierten auch von dem Geld aus dem Ausland, auf verschiedene Weise. Damit trug das Ausland dazu bei, dass sie erstarkten.«

»Wie? Können Sie ein Beispiel nennen?«

»Beispielsweise in Fällen, in denen Projekte mit einem Budget in Höhe von mehreren Hundert Millionen Dollar –

zum Beispiel im Straßenbau – in unsicheren, von Taliban dominierten Gegenden durchgeführt wurden. Ohne Bestechungsgelder hätten die Taliban nicht zugelassen, dass das Projekt durchgeführt wird.«

»War es immer so, dass die Taliban ihren Anteil bekommen haben?«

»Ja, in bestimmten Regionen schon. Zum Beispiel bei Bergbauprojekten, dem Bau von Schulen oder Krankenhäusern in südlichen Provinzen. Ohne Provision drohte den Projektmitarbeitern der Tod. Die Taliban haben davon stark profitiert.

Dadurch konnten sie ihren Einfluss immer stärker ausweiten. In den Schulen der südlichen Provinzen durften die Lehrkräfte, deren Gehälter von der afghanischen Regierung gezahlt wurden, nicht die klassischen Lehrinhalte unterrichten. Die Taliban ließen es nicht zu. Die Schule war von der Regierung mit ausländischen Geldern gebaut worden. Dennoch unterdrückten die Taliban wissenschaftliche Fächer wie Physik, Geometrie und Chemie. Sie okkupierten die Schulen und ließen nur noch religiöse Fächer unterrichten. Mit den Regierungsgeldern für das Schulsystem wurden weitere Taliban ausgebildet.«

»In allen Bereichen, die Sie erwähnt haben, herrschte Korruption. Wie fühlten Sie sich? Waren Sie frustriert oder wütend?«

»Vor ungefähr zwei Jahren hatte ich für eine längere Zeit eine Depression und war ratlos, weil ich sah, wie tiefgreifend die Korruption in Afghanistan ist. Ich hatte die Hoffnung verloren. Drei Monate vor dem Sturz des Staates sagte ich: Nicht die Taliban besiegen uns, sondern die Korruption. Sie wird den Taliban das Fundament für ihren Sieg legen.

Leider passierte genau das. Und ich sage Ihnen noch was: Die Korruption in der Regierung führte dazu, dass sich – besonders in den südlichen Provinzen – ein Teil der Bevölkerung, der die Regierung für ihre Käuflichkeit hasste, den Taliban anschloss. Die Menschen in den Dörfern, die wussten, wie korrupt die Justiz und die Regierung sind, haben aus diesem Grund ihre Streitigkeiten und regionalen Angelegenheiten von den Taliban schlichten und regeln lassen. Sie entwickelten zunehmend Sympathien für die Taliban.

Zweitens hat diese massive Korruption in Verbindung mit der Volkszugehörigkeit dazu geführt, dass man in vielen Provinzen sogar Schützengräben heimlich und gegen Geld den Taliban überließ, schließlich sogar ganze Stadtteile und Provinzen. Als Gegenleistung bekam man nicht nur Geld, sondern die Garantie, dass einem nichts passiert.«

So viele Beweise für Korruption, und doch passierte nichts. Warum hat Rezaei selbst nichts dagegen unternehmen können? Er war Angestellter der Antikorruptionsbehörde.

»Die Organisation, für die er arbeitet«, sagt mir ein Kontakt in Kabul, dem ich das Interview zeige, »ist auch nicht sauber. Und er hat trotzdem mitgemacht. Denn wenn er von der Korruption wusste und er konnte nichts dagegen tun, warum hat er die Organisation dann nicht verlassen? Das ist genau das, was ich so sehr an den Beamten der letzten 20 Jahre kritisiere: Sie haben alle mitgemacht. Jetzt beschweren sie sich über die Regierung? Wieso haben sie sich nicht aufgelehnt. Entweder bist du Teil davon oder du kündigst.«

Ein hartes Urteil. Aber aus der Außenperspektive und mit sicherem Einkommen fällt es einem leicht, andcrc zu verurteilen. Sich gegen die Korruption zu stellen, muss man sich leisten können. Und wenn sogar die Bevölkerung den Kampf gegen Korruption nicht unterstützt, wer dankt es einem, wenn man als Einzelner ausschert und auf seinen Posten und sein Gehalt verzichtet? Und gegen die skrupellose afghanische Regierung kamen offenbar nicht mal westliche Regierungsvertreter an.

Mitte Dezember 2021 treffe ich Thomas Silberhorn, von 2014 bis 2018 parlamentarischer Staatssekretär im Bundesentwicklungsministerium, zu einem Interview. Er erzählt mir von einem Treffen mit einer afghanischen Regierungsdelegation am 16. April 2016 in Washington. Es fand im Zuge der Frühjahrstagung der Weltbank statt. Man wollte über die Erwartungen der Geber-Länder an die afghanische Regierung sprechen. Es ging um viel Geld: Investitionen, an die Bedingungen geknüpft waren. Nur wurden sie selten formuliert. »In solchen Runden, wo man sich untereinander kennt, hat man immer geschaut, dass es weitergeht«, verrät mir Silberhorn. Er wagte sich nach vorn – als Einziger – und hielt den afghanischen Delegierten Missstände vor: Die Minister ließen ihre Kinder im Ausland auf teuren Universitäten studieren und hätten selbst keinen Bezug zur Bevölkerung. Sie seien so unbeliebt, dass sie sich nicht mal offen auf die Straße trauen könnten.

Die afghanischen Delegierten reagierten keineswegs einsichtig, geschweige denn verlegen. Sie zeigten sich empört. »Das Ergebnis war, dass der afghanische Botschafter in Deutschland nach dieser Reise zu mir kam, um den ›fehlgeleiteten‹ Staatssekretär wieder ›einzuorden‹. Außerdem zeigte er sich besorgt, dass er aufgrund der kritischen Haltung der Bundesregierung abberufen werden könnte.«

Dieser Vorfall deckt sich mit Dutzenden Aussagen von Politikern und Insidern, mit denen ich im Rahmen der Recherchen zu diesem Buch Gespräche geführt habe. Sobald westliche Regierungsvertreter Druck auf die afghanischen Regierungsmitglieder ausübten, drohten diese, der Staat würde ohne sie zusammenbrechen. So lief das 20 Jahre lang.

Die afghanische Regierung sah sich weder gegenüber den internationalen Geldgebern noch der eigenen Bevölkerung gegenüber in der Verantwortung, sich zu rechtfertigen. Das Fatale: Gerade die Auslandshilfen haben dazu beigetragen. Sie machten 75 Prozent des afghanischen Staatshaushalts aus. Damit war die Regierung nicht unmittelbar auf Steuereinnahmen angewiesen. Dementsprechend nachlässig fielen die Kontrollen aus. Doch so kann eine Demokratie nicht wachsen. Wer Steuern zahlt, kann vom Staat Leistung einfordern – und Rechtfertigung über die Ausgaben.

Es ist offensichtlich, dass die enormen Hilfsgelder und Militärausgaben nicht nur die Wirtschaft und die Entwicklungsversuche untergraben haben. Abgesehen von Opiaten sind in Afghanistan alle Wirtschaftssektoren schwach und nicht wettbewerbsfähig geblieben. Die Importe überstiegen die Exporte bei Weitem: Im Jahr 2020 standen Importe im Wert von 6,48 Milliarden US-Dollar Exporten in Höhe von 0,78 Milliarden US-Dollar gegenüber. Das Handelsdefizit wird fast vollständig von Hilfsströmen ausgeglichen.

Omid Nouripour sagt mir dazu in einem Interview im Bundestag: »Es gibt eine unglaublich große Zahl von Indizien, an denen man sieht, wie unkoordiniert und falsch es war, keine substanzielle Ökonomie in Afghanistan aufzubauen, die von den Afghanen selbst getragen wird.

Zum Beispiel die Winterhilfe. Jedes Jahr gab es eine Winterhilfe. Vieles, was früher als Getreideüberschuss – vor allem der Amerikaner – ins Meer gekippt wurde, lieferte man nach Afghanistan, damit die Leute den kalten Winter überstehen. Die Winterhilfe war eine kostenlose Getreidelieferung fürs ganze Land – und hat die Weizenpreise komplett ruiniert. Der Bauer hatte Weizen angebaut und konnte diesen nicht mehr absetzen. Also hat er Mohn angebaut. Was sollte er denn sonst machen? Der Mohn brachte mehr Ertrag, er hatte einen Absatzmarkt. Und dann kamen die Delta Forces und haben diese Mohnfelder in den ersten zehn Jahren einfach abgefackelt, sind gegangen und haben gesagt: ›Das nächste Mal wirst du verhaftet!‹ Der Bauer stand vor dem Nichts. Dann kam der Talib und sagte: ›10 Dollar die Woche und ein Moped, wenn du entweder mit uns kämpfst oder wenn wir wenigstens deine Scheune nutzen können als Versteck.‹ Ja, das hat er dann gemacht.«

Weil es so eindrucksvoll ist, habe ich in diesem Buch bereits darauf verwiesen, dass die nach Afghanistan geflossenen Summen die Gelder des Marshall-Plans übersteigen. Sardar Muhammad Nadir Naeem, der Schah-Enkel, sagt hierzu: »Der große Unterschied besteht darin, dass der Marshall-Plan gleichzeitig mit einer Vision einherging und auf eine gebildete Bevölkerung traf. Afghanistan dagegen kam aus einem drei Jahrzehnte andauernden Krieg. Es gab nichts. Und es gab keine Vision. Keine Strategie. Die USA reagierten auf den Terroranschlag am 11. September. Sie wollten Rache. Sie bekämpften al-Qaida, doch einen weiteren Plan gab es nicht.«

Es gab keine Nachhaltigkeit in den Projekten, keine Zusammenarbeit, weder zwischen den Geberländern noch zwischen dem Ausland und Afghanistan noch innerhalb der afghanischen Institutionen. Jeder kochte sein Süppchen.

Keine Afghanistan-Strategie. Das bestätigen auch die investigativen Recherchen des US-Journalisten Craig Whitelock, der in seinen »Afghanistan Papers« Tausende Aussagen von ehemaligen US-Militärs untersuchte und veröffentlichte. General Neil war einer davon, er hatte unter Präsident Bush zweimal das Kommando in Afghanistan: »Es gab keinen Plan für den Feldzug. Es gab einfach keinen.« »Wir wussten nicht, was wir taten«, sagt Richard Boucher, US-Topdiplomat der Region.

Ryan Crocker, US-Botschafter von 2011 bis 2012 in Afghanistan, bestärkt in einem Interview: »Als die Taliban aus Kabul und Kandahar vertrieben waren, sogar aus dem Land, hatte das US-Militär keine Ahnung, wie es weitergehen soll. Wie verhilft man einem Land zu mehr Stabilität? Wie stellt man die Grundsicherung sicher? Wie trägt man zur Modernisierung des Landes bei? Es gab keine klaren Anweisungen, was wir tun sollten.«

Außer eben, Geld zu geben. Allein die USA zahlten 143 Milliarden Dollar, um das Land aufzubauen. Zusätzlich flossen vom US-Verteidigungsministerium 837 Milliarden US-Dollar für den US-Krieg in Afghanistan, der 2443 amerikanische Soldaten und 1144 Soldaten der alliierten Truppen das Leben kosten sollte. Auf afghanischer Seite geht man von mindestens 66 000 getöteten Soldaten und Sicherheitskräften aus.

Die Gesamtkosten des Krieges gab die US-Regierung nie an. Schätzungen gehen von mehr als einer Billion US-Dollar aus.

Es war nicht so, dass man nichts wusste. Es gab ja eine Menge an Informationen durch die SIGAR-Berichte, die seit 2008 zu verheerenden Schlussfolgerungen der Afghanistan-Politik kamen.

Craig Whitlock stellte jahrelang Anfragen an SIGAR, um Zugang zu den 428 Interviews zu bekommen, die die Behörde mit ranghohen Mitarbeitern von US-Regierung und Militär geführt hatte. Whitlock ahnte, dass die Berichte und Pressekonferenzen viel beschönigter ausfielen als die Inhalte der Interviews, die mit massiver Kritik nicht sparten: an der Afghanistan-Invasion und der Sinnlosigkeit des in die Länge gezogenen Militäreinsatzes.

In einer Pressekonferenz ganz zu Beginn des Afghanistan-Einsatzes erklärte der damalige Präsident George W. Bush: »In Vietnam haben wir einige wertvolle Lektionen gelernt. Die vielleicht wichtigste Lehre, die ich aus diesem Krieg gezogen habe, ist die, dass man mit konventionellen Truppen keinen Guerillakrieg führen kann.«

20 Jahre später erklärt mir Sardar Naeem: »Unsere Armee wurde in den letzten 20 Jahren nie ausgebildet, einen Guerillakrieg zu führen – aber wir hatten einen Guerillakampf. Nur die Spezialkräfte kamen mit den Taliban zurecht; das Handicap schlechthin war, dass die afghanische Armee keine gute unabhängige Luftwaffe besaß, das wollten die Amerikaner nicht, und die Pakistani auch nicht. So waren die Afghanen bis zuletzt abhängig von der amerikanischen Luftwaffe. Der von US-Präsident Biden angeordnete bedingungslose Abzug hat den Afghanen unmissverständlich klargemacht: Wir werden euch nicht mehr unterstützen. Die Generäle wussten, dass ihnen in diesem Moment die Rückendeckung wegbricht. Gleichzeitig wurden alle militärischen Contructor abgezogen; die hatten vor allem jahrelang die Luftwaffe unterstützt.«

»Ein enormes Manko innerhalb der Armee war wieder die Korruption«, erzählt mir der Enkelsohn von Zahir Schah. »Es fließen Milliarden in die Armee, und man schafft es nicht einmal, den kämpfenden Soldaten frisches Wasser zu geben? Dann hat man ein Problem. Die Soldaten waren nicht dumm. Während sie einen Krieg führten, an den sie nicht mehr glaubten, sahen sie ihre Generäle in Luxus schwelgen. Und sie wussten: Die Generäle kümmert es nicht, wenn sie auf dem Schlachtfeld sterben. Im Fall einer Niederlage würden sie mit dem Flugzeug sofort aus Afghanistan fliehen.« Und genauso kam es.

George W. Bush hatte sich auf eine Demokratisierung eingelassen, aber nur oberflächlich. Eine Beteiligung am institutionellen Aufbau lehnte er ab, setzte vielmehr auf ein Präsidialsystem, das auf die Person des afghanischen Präsidenten zugeschnitten war, alternativlos. An der Stärkung demokratischer Gegengewichte war seine Politik nicht interessiert, nur an der Durchführung von Wahlen. Es gab also nie den Plan eines »Nation Building«. Aus welchem Grund?

Whitlock zitiert in seinen »Afghanistan Papers« den politischen Staatssekretär im Pentagon, Douglas Feith: »Wir wollten eine umfassende Präsenz wie die der Sowjets in den 80er-Jahren vermeiden. Wir wollten keine fremdenfeindliche Reaktion der afghanischen Bevölkerung provozieren. Die Sowjets hatten dort 300 000 Mann stationiert und waren gescheitert. Wir wollten diesen Fehler nicht wiederholen.«

Fest steht: Sie machten dennoch unzählige Fehler. Die Amerikaner bauten einen dysfunktionalen, korrupten Staatsapparat auf, dessen Überleben von der militärischen Macht der USA abhing. Und sie wussten das. Ohne die USA würde das System kollabieren. Und was dann?

Die letzten Jahre in Afghanistan waren reine Imagepflege des Westens. Man wusste schon längst, dass das Projekt gescheitert war. Schon wenige Jahre nach 2001 war klar: Die Taliban würden die Macht übernehmen, sobald die USA sich aus Afghanistan zurückziehen. Ich frage mich: Warum war das Entsetzen im Sommer 2021 so groß, warum tat man so überrascht?

Langsam wird es etwas wärmer in Sardar Naeems Haus. Er sagt mir zum Schluss noch:

»Ich muss sagen, in der Zeit der sowjetischen Besatzung ist mehr entstanden als in den letzten 20 Jahren, in denen diese Unsummen von ausländischen Hilfsgeldern ins Land geflossen sind. Was mich wirklich schockiert, ist: dass alles so schnell wie ein Kartenhaus zusammenfiel. Ein Kartenhaus, das so konstruiert war, dass es nur so lange hält, wie die Amerikaner hier sind.«

11 Sie waren nie weg

In München kenne ich seit Jahren einen afghanischen Taxifahrer. Er erzählte mir schon vor Ewigkeiten, dass seine Familie, die in einer kleinen Stadt in Afghanistan nahe Kabul wohnt, den Taliban, die sich zehn Kilometer weit entfernt aufhielten, einmal im Monat Schutzgeld zahle. Ich fragte, warum. Weil sie vor dem Tag Angst hätten, an dem sie nicht mehr von den afghanischen Sicherheitskräften beschützt würden. Sie wussten es: Die Taliban waren nie weg und würden wiederkommen.

»Sie bedrohten uns permanent in Briefen, dass wir nicht mehr in unser Dorf zurückkehren dürften. Oder kassierten Schutzgeld von uns. Auf diejenigen, die mit Ausländern zusammenarbeiteten, verübten sie Anschläge. In Paschtunengebieten war es noch schlimmer«, schildert er die Situation.

Ein Kollege schickt mir kurz vor der Machtübernahme folgende Nachricht: »Es ist zwei Wochen her, seit unser Bezirk unter Kontrolle der Taliban ist. Sie zwingen die Menschen, ihre Schafe und Rinder zu töten, um für sie zu kochen, verlangen Listen mit den Namen junger Mädchen über 15 und von Witwen unter 45. Die Frauen werden dann gezwungen, Taliban zu heiraten. Sie zwingen die Menschen, Gewehre zu nehmen und gegen die afghanische Armee zu kämpfen. Viele Familien sind vor den Taliban in die Berge geflohen.«

Sie waren nie weg.

Schon kurze Zeit nach der Invasion der NATO regenerierten sich die Taliban. Sie bildeten vor allem im ländlichen Raum eine Art Parallelregierung. Sie begannen den Alltag der Menschen zu bestimmen, setzten ihre islamische Form von Recht und Ordnung durch. Frauen mussten zu Hause bleiben, die Scharia bestimmte den Alltag. Auch der Unterricht wurde in der vorher in diesem Buch schon kurz beschriebenen Weise von ihnen bestimmt. Mit islamischen Inhalten. Und drakonischen Strafen.

Talib heißt Religionsstudent. Die Basis der Taliban bildeten die religiösen Schulen, die Madrassas in Pakistan und Afghanistan: sunnitisch-fundamentalistische Kaderschmieden, die unter Billigung der USA von Saudi-Arabien finanziert wurden. Hier züchtete man Glaubenskämpfer heran. Ein Grund für den Erfolg der Madrassas war die große Armut, die Perspektivlosigkeit in der Region. Wenn paschtunische Familien nicht wussten, wohin mit ihren Kindern, schickte man sie auf die Schule, auf der sie versorgt wurden. »Irgendwer musste sie ja ernähren, unsere Kinder«, erzählt mir eine Frau in Kandahar, deren Söhne alle auf Madrassas waren. Mehr möchte sie mir aber nicht sagen.

In Kabul treffe ich einen jungen Mann aus Logar, einer südlich von Kabul gelegenen Provinz, mehrheitlich von Paschtunen bewohnt. Eine der volatilsten Regionen. Sie wurde in Sicherheitskreisen auch als »Highway für Aufständische« bezeichnet, weil sie eine unbewachte acht Kilometer lange Landesgrenze zu Pakistan hat. Die lokale Verwaltung war entfremdet von den Einheimischen, man kümmerte sich nicht um ihre Belange, sondern in erster Linie um die eigene Sicherheit. Ständig gab es Angriffe und Explosionen mit vielen zivilen Opfern. Armut, Korruption, die Arroganz der reichen Regierungselite und das brutale Verhalten der Amerikaner – insbesondere ihre verheerenden, auch für Zivilisten tödlichen Drohnenangriffe – führten zu einem massiven Zuwachs der Taliban. Den jungen Mann, mit dem ich sprach – ich nenne ihn Amir – forderten sie Dutzende Male auf, sich ihnen anzuschließen.

Ich bat ihn, mir zu erzählen, wie es sich anfühlte, so nah an den Taliban zu leben. »Die Taliban rückten in den letzten Jahren immer näher an meine Stadt. Wenn das Militär in unserer Gegend unterwegs war, gab es Terroranschläge auf Soldaten und Regierungsleute. Unser Haus steht mitten in Logar, aber wir gingen nicht mehr nach Hause, weil der Mullah der Moschee wusste, wer für die Regierung arbeitet, und es den Taliban berichtete. Es konnte jederzeit passieren, dass du aus dem Auto gezogen und getötet wurdest, oder man verübte einen Anschlag auf dich.«

Dorfmullahs hatten in Afghanistan oft kein hohes Ansehen. Die Taliban hofierten sie. Das gefiel den Religionsgelehrten und sie kooperierten. Die Taliban konnten so ihren Einfluss bis in die kleinsten Dörfer ausweiten, was den bisherigen Herrschern noch nie in der Geschichte Afghanistans gelungen war.

»Wenn der Mullah mitbekam, dass man einen hohen Posten im Staat bekleidet, haben die Taliban einen gefunden. Überall. Als Karzai Präsident wurde, waren die Taliban die ersten Jahre nicht aktiv. Zumindest habe ich sie nicht gesehen. Es hat gedauert. Die jungen Männer sind, wie wir alle, zur Schule und auch auf die Universität gegangen. Als sie mit der Uni fertig waren, gab es keine Arbeit für sie. Viele waren frustriert und haben sich den Taliban angeschlossen.

Die meisten jungen Taliban, die ich kenne, haben einen Bachelor. Sie hatten wenig Vertrauen in die Regierung, weil sie ihnen keine Arbeitsplätze schuf. Selbst wenn sie sich für eine einfache Arbeit bewarben, für die sie bei Weitem überqualifiziert waren, hatten sie keinen Erfolg. So haben viele begonnen, sich von der afghanischen Demokratie, die keine war, zu verabschieden und mit den Taliban zu kooperieren. Denn sie gaben ihnen Wohnraum und Essen. Die Regierung wurde mit der Zeit immer schwächer und die Taliban stärker. Bis sich die Menschen von der Regierung gänzlich abgewendet haben und sich den Taliban anschlossen. So wurden die Taliban stark. Die Regierung hat sich selbst gestürzt, weil sie die Menschen aufgegeben hat.

Auch ich hätte problemlos ein Talib werden können. Einer von den Kämpfern, die in meinem Dorf ihr Unwesen trieben und Sicherheitsleute angriffen. Diese Kämpfer waren alle jung. So wie ich. 16 Jahre Ausbildung, aber wegen Armut und Aussichtslosigkeit ohne ein Stück Brot zu Hause, nicht faul, zur Schule und auf die Uni gegangen. Nach dem Abschluss findest du keine Arbeit. Du siehst die Not deiner Familie, und dein Vater sagt: ›Mein Sohn, ich ließ dich studieren. Und was hat es gebracht? Ich arbeite mit meinem grauen Bart auf dem Feld, als Arbeiter. Und aus dir ist auch nichts Besseres geworden.‹ Diese jungen Männer hatten einen dicken Hals. Sie wurden von den Taliban aufgenommen und haben sich mit ihnen gegen die Regierung verbündet. Dabei ging es ihnen gar nicht so sehr um den Islam, den Dschihad und derartige Sachen: In ihnen herrschte eine tiefe seelische Leere, die gefüllt werden wollte. Die Regierung hat sich selbst geschwächt, hat zu lange weitergemacht. Trotz der Not und Unzufriedenheit der Menschen. Es gab keine Arbeit, die Menschen waren arm und verwirrt. Wenn man in eine Behörde ging und eine Unterschrift brauchte, wurde man von den Beamten immer an eine andere Dienststelle weiterverwiesen. Sie vermittelten nicht den Eindruck, dass sie für das Volk arbeiteten. Egal, wo und was du gesagt hast, keiner hörte zu.

Die Taliban warben schon kleine Jungs an. Am Anfang versteht ein solcher Junge nichts. Die Taliban gaben ihm ein Funkgerät, Turnschuhe, setzten ihn auf ein Motorrad und statteten ihn mit Waffen aus. Er stolzierte dann herum. Einige Tage später wurde das öffentlich und alle wussten, dass er bei den Taliban ist. Er musste in der Gesellschaft die Seiten wechseln. Und leben wie ein Talib. Denn in der Gesellschaft war er verbrannt. Ein Kind kann die Folgen seines Handelns nicht absehen. Die Jungen hatten nun kein Zuhause mehr. Mehrere von ihnen taten sich also zusammen und schliefen in Moscheen. Oft überfielen sie die Zivilbevölkerung, manchmal sogar töteten sie Menschen, nahmen ihre Habseligkeiten an sich. Verkauften z. B. die Waffen oder das Auto, das sie geklaut hatten. Die Taliban-Chefs nahmen es ihnen nicht weg. Das war die Misere und der Anreiz.

Wir sind ein traumatisiertes kaputtes Volk. Wir sind im Krieg groß geworden. Wenn wir etwas nachdenken würden, würden wir uns fragen, warum wir unsere Brüder töten sollten. Warum soll ich mein Land zerstören?

Warum ich kein Talib geworden bin? Weil ich nicht töten wollte. Arme Polizisten zum Beispiel. Wenn einem alle anderen Wege versperrt sind, wird man in Afghanistan Polizist. Ein Polizist ist ein armer Mensch, der für 10 000 Afghani seinen Beruf ausüben muss, während die da oben sorglos in der Wärme sitzen, wenn es kalt ist, und schön kühl, wenn es heiß ist. Und der arme Sicherheitsbeamte muss für das wenige Geld in den Bergen und an der Front kämpfen. Für die Taliban gehörten Polizisten zu den Ungläubigen, ›Kuffar‹. Man sollte sie töten. Mein Gewissen ließ es aber nicht zu, dass ich diesen Menschen töte. Ich konnte keinen Polizisten töten, der Kinder und Familie hat. Es geht ihm schlechter als mir. Er ist ärmer als ich. Das war der Grund, warum ich mich nicht den Taliban anschloss.«

Während die Taliban immer mehr Rückendeckung in der Bevölkerung erfuhren, reagierte das US-Militär zunehmend aggressiver. Fast jeder schien ein Feind zu sein. Wie sollten sie auch einen Taliban-Kämpfer von einem Paschtunen unterscheiden, der nicht Anhänger der Taliban war, sich aber gleich kleidete? Es gab zu wenige Kenner der Region. Für die ausländischen Truppen sahen alle gleich aus.

Eine US-Soldatin fasst es gut zusammen: »Eine Institution, die auf Gewalt ausgerichtet ist, kann keine gesunden sicheren Gemeinschaften errichten.« Sie sah einmal einen Kommandanten weinen. Er hatte den Auftrag erhalten, mit Einheimischen eine Beziehung aufzubauen. Das tat er ein ganzes Jahr lang. Dann ordnete man an, alles, was er aufgebaut hatte, wieder zu zerstören. »Er brach zusammen, weil er sich als Verräter fühlte.«

Die Anschläge auf US-Soldaten mehrten sich, das Vertrauen schwand. Amerikaner zeigten mit der Waffe auf jeden, selbst wenn sie nur grüßten. So konnte kein Vertrauen entstehen. »Die Afghanen begrüßten uns vielleicht zu Beginn, aber definitiv mochten sie uns nicht mehr am Ende unseres Einsatzes«, sagt ein US-Soldat in einem Interview. »Was war unser Auftrag? Zu kämpfen, um nicht zu sterben? That's it?«

Das Vorgehen der Besatzertruppen war ein weiterer entscheidender Grund, sich den Taliban anzuschließen. Ein Teufelskreis. Immer wieder traf es durch militärische Fehleinschätzungen Hunderte Zivilisten, die bei Drohnenangriffen ums Leben kamen. Das Pentagon wiegelte immer wieder ab. Vertrauliche Regierungsdokumente, die der »New York Times« vorliegen, belegen jedoch sehr genau das Fehlverhalten des US-Militärs.

In Kandahar spreche ich mit Hafiz Sayed. Seit drei Monaten ist er der neue Direktor für Kulturangelegenheiten. Ich frage ihn, ob ich ihn mit dem Handy filmen darf. Er stimmt zu, sagt aber, ich solle noch kurz warten. Er nimmt seine schwarze Mütze vom Kopf, holt einen Turban unter seinem Schreibtisch hervor, zückt sein Handy, kontrolliert sein Aussehen mithilfe der Kamera, rückt den Turban zurecht und sagt, jetzt dürfe ich loslegen. Warum er zu den Taliban gegangen sei, frage ich ihn. Er antwortet: »Im Islamischen Emirat Afghanistan gibt es keine ethnischen Zusammenstöße, keine Unterdrückung, Bestechung und Korruption, anders als bei den früheren Regierungen.«

2006 sagte ein Taliban-Führer dem damaligen US-Botschafter Ronald Neumann: »Ihr besitzt alle Uhren, aber die Zeit arbeitet für uns.« Er hat recht behalten, die Taliban verschwanden in den ersten Jahren nach 2001 zwar von der Bildfläche, doch sie waren nie weg. Und mit der Zeit bauten sie in den Provinzen – zunächst im Süden – ihre Machtbasis aus. Ihre Schattengouverneure bestimmten dort mehr und mehr den Alltag. Bis die Taliban schließlich am 15.08.2021 Kabul einnehmen konnten.

Als ich Zabihullah Mujahid, den Sprecher der Taliban, interviewe, frage ich ihn, ob es ihn nicht verwundert hätte, dass sie so ganz ohne Widerstand, so schnell an die Macht gekommen seien. Er lacht und antwortet aus vollem Herzen: »Ja!«

12 Der Abzug

Es wird der erste Untersuchungsausschuss im neuen Bundestag sein. Er soll im ersten Quartal 2022 mit der Aufarbeitung des Afghanistan-Einsatzes beginnen. »Besonders drei Punkte stehen im Vordergrund«, sagt mir Omid Nouripour. »Erstens: Warum ist die Evakuierung der Ortskräfte nicht angelaufen, als es geordnet möglich war? Wer hat die Entscheidung der Verzögerung zu verantworten? Und warum waren die Kriterien der Aufnahme so angelegt, dass es nur ein paar Hundert Leute betroffen hat und nicht wirklich diejenigen, die in Gefahr waren? Zweitens: Was ist bei der Evakuierung selbst alles falsch gelaufen? Es waren chaotische Verhältnisse, die Deutschen haben vieles von dem nicht hinbekommen, was die Spanier oder die Italiener und Franzosen hinbekommen haben. Es gab keine geordneten Verfahren, den Leuten mitzuteilen, wohin sie müssen, um zum Flughafen gebracht zu werden. Die Kommunikation hat von vorne bis hinten nicht funktioniert. Das hat viele Leute in Lebensgefahr gebracht. Am Flughafen wurden Menschen zertrampelt, es gab Selbstmordanschläge. Die Menschen sind mit ihren kleinen Kindern hingefahren, nachdem sie einen Anruf bekommen haben, in dem es hieß, sie können zum Flughafen. Und das Dritte ist: Wie konnte es eigentlich sein, dass keiner sehen wollte, dass die Taliban das Land überrennen? Das sind die drei Aufgaben für den Untersuchungsausschuss, unbenommen von dem, was die Enquete-Kommission bearbeiten muss.«

Während der chaotischen Tage der Evakuierung zirkulierte das Gerücht, der Abzug der USA solle verlängert und der Flughafen weiterbetrieben werden. Der CIA-Chef war wenige Tage nach der Eroberung durch die Taliban nach Kabul geflogen, um mit ihnen darüber zu verhandeln. Aus den USA hörte man von mehreren Seiten, dass Präsident Bidens innenpolitische Berater davon abrieten: Je länger der Flughafen geöffnet bleibe, desto mehr schlechte Bilder gebe es. Die Umfragewerte würden nach unten gehen. Biden soll sich für seine Umfragewerte entschieden und einer Verlängerung der Evakuierung nicht zugestimmt haben.

Im Interview kann Omid Nouripour seine Wut nicht verbergen: »Die Bundesregierung hat nicht mal versucht, denen zu helfen, die uns geholfen haben. Sie hat die Kriterien schon vor dem Sommer 2021 für eine Aufnahme so aufgeweicht, bis nichts mehr übrig geblieben ist. Damit wir nicht im Wahlkampf der AfD sagen mussten, wir haben 52 statt 50 aufgenommen. Das Thema war von Anfang an auch ein großes Anliegen des Innenministeriums. Genauso wie des Auswärtigen Amts: ›Wir wollen keine falschen Anreize schaffen‹, hat Heiko Maas so eins zu eins im Ausschuss gesagt. Keine Anreize für Migration. Deshalb nehmen wir nicht so viele mit. Im gesamten Frühling haben wir das diskutiert. Bis in den Juni hinein fanden noch Abschiebungen statt. Eine Ausweitung des Aufnahmeprogramms hätte ja auch bedeutet, dass Afghanistan nicht sicher ist, und dann hätte man nicht weiter in ein Kriegsgebiet abschieben können. Die Aussage an die Welt ist: Der Westen ist raus. Er kann es nicht und hat auch keinen Einfluss mehr. Und wenn er etwas verspricht, dann stellen sich jetzt viele die Frage: Können die überhaupt ihre Versprechen einlösen?«

Oh, ich habe in den Tagen nach dem Fall Kabuls viel telefoniert, mit der Bundeswehr, mit dem Innenministerium, dem Verteidigungsministerium, Pressesprechern und dem Auswärtigen Amt. Alle schoben sich gegenseitig die Schuld in die Schuhe. Keiner wollte Verantwortung übernehmen. Die Welt, Deutschland, die Verantwortlichen, alle waren entsetzt. Die Taliban haben viel früher als gedacht die Macht übernommen. Ich hörte am Telefon: »Desaster, Vollversagen, Katastrophe«, »Bundesregierung hat jahrelang versagt«, »Bundesrepublik nicht krisenfest«, »Wir erleben den Abgesang auf die Krisenfähigkeit der Bundesrepublik«, »Multiples Organversagen«, »Es spielen sich bestialische Szenen ab im Auswärtigen Amt«, »Franzosen und Engländer arbeiten weit wirksamer«, »Aus Gründen des ›Datenschutzes‹ darf ich zu dem Zeitpunkt die Liste der Schutzbedürftigen nicht einsehen. Obwohl ich am Zustandekommen der Liste beteiligt war«.

Ich telefonierte so viel, weil ich eine Liste mit mehr als 70 Personen – vor allem Frauen – an das deutsche Innenministerium geschickt hatte, am 14. August, einen Tag vor dem Fall. Auf dieser Liste standen Frauen und schutzbedürftige Personen aus Afghanistan. Journalistinnen, Fotografinnen, Politikerinnen und Anwältinnen. Menschen, die sich für Menschenrechte, für Demokratie, für Frauenrechte eingesetzt und dafür gekämpft haben. Sie waren selbst überrascht, entsetzt, erschrocken und fühlten sich über Nacht schutzlos. Eine Frau schrieb mir:

»Wir wussten, dass die Amerikaner eines Tages gehen. Wir

dachten aber, dass die Armee im Lauf der Jahre stark genug geworden war, um Widerstand zu leisten, und haben nicht damit gerechnet, dass es so weit kommt, dass das ganze Land plötzlich fällt. Wir dachten, die Taliban würden kommen und sich an der Regierung beteiligen, aber nicht die ganze Regierung stellen. Wir wussten auch, dass diese Entwicklung – vor allem für Frauen – mit Einschränkungen verbunden sein wird. Es war aber überhaupt nicht vorauszusehen, dass nur noch die Taliban regieren, dass alle flüchten, dass die Ghani-Regierung stürzt. Das hätten wir nicht gedacht. Die USA hatten zugesagt, die Sicherheitskräfte und die Armee weiterhin zu unterstützen. Die Situation ist so schockierend. Niemand hätte gedacht, dass es so endet.«

Die Szenen am Flughafen in Kabul ab dem 15. August 2021 machten fassungslos, genauso wie die Entscheidung von Joe Biden, eines eigentlich erfahrenen Außenpolitikers, die Politik von Donald Trump fortzusetzen und das Land überstürzt zu verlassen. Die Art und Weise des Abzugs hat einen enormen Vertrauensverlust bei den Afghanen hinterlassen. So viele sagten mir, dass sie zutiefst enttäuscht seien von uns, dass wir sie auf halbem Weg alleingelassen haben.

Um die chaotischen, unübersichtlichen und unkoordinierten Zustände am Flughafen ein wenig nachvollziehen zu können, möchte ich hier einige Auszüge aus meinen Chatverläufen zusammenfassen. Das folgende Protokoll ist nur ein Bruchteil der Kommunikation, die tatsächlich stattfand – u. a. mit Mitarbeiterinnen und Mitarbeitern des Bundesinnenministeriums (BMI), der Bundeswehr (BW) und des Verteidigungsministeriums (BMVg) sowie Bundestagsabgeordneten (MdB) – von früh morgens bis tief in die

Nacht hinein. Es ging immer darum, die Frauen und Menschen, die auf meiner Liste standen, auf eine der deutschen oder internationalen Militärmaschinen zu bringen, die gekommen waren, um sie zu evakuieren.

14. 08. 21

BMI: Bezüglich unseres Telefongesprächs heute Morgen, wenn du uns eine Liste, die du erwähntest, schicken willst, wie schnell kriegst du eine hin? Du sagtest, du hättest Anwältinnen, Unternehmerinnen, Lehrerinnen, Bürgermeisterinnen, Journalistinnen …

NA: Bis heute um 18 Uhr, ok? Welche Angaben? Namen, Funktion?

BMI: Funktionen, Namen bitte jetzt nur noch mit Kürzeln. Das ist sonst zu gefährlich für die Betroffenen.

NA: Wie sicher wird das funktionieren? Meinst du, es gibt ein Ok?

BMI: Ich gebe der Sache momentan 80 %. Ich hab die Kirchen hinter mir. Flieger vollmachen, 200+, mit Frauen und ihren Kernfamilien. Wenn das klappt, dann war es das Wichtigste, was wir im Leben neben den eigenen Kindern gemacht haben.

NA: Wann würde der Flieger gehen?

BMI: Weiß ich noch nicht.

NA: Provinzrat: Taliban nehmen Masar-e Scharif ein. Könnt ihr bitte noch A. und H. auf die Liste setzen? Lehrerinnen. Wann bekommst du die Antwort?

BMI: Morgen früh.

NA: Glaubst du immer noch an die 80 %?

BMI: Ist schwierig zu sagen. Plan B über F. an Macron
        ran. MdB hat wohl Zugriff auf Flugzeugkapazi-
        täten?

NA: MdB schreibt mir gerade.

BMI: Jetzt heißt es, Nerven zu bewahren.

NA: Hier ist meine Liste.

MdB: Ok, wir reden morgen.

NA: Aber es muss schnell gehen, die stehen alle auf
        der Taliban-Liste, die jagen sie.

MdB: Ich habe heute zwanzig rausbekommen, weil ich
        nicht mehr auf die … Bundesregierung warten
        kann.

15. 08. 21

NA: Meldung Tagesschau: Taliban starten Angriff auf
        Kabul. Bitte mach Druck – die Maschine muss
        HEUTE gehen.

BMI: Ich mache Druck auf allen Ebenen.

NA: Merkel hat doch nichts mehr zu verlieren. Sie
        kann nur ein letztes Mal beweisen, dass sie ein
        Mensch ist, was sie ja bereits einige Male getan
        hat.

BMI: Ich telefoniere seit Stunden auf allen Kanälen.
        Ich habe F. gebeten, den Élysée zu involvieren.

NA: Und wie nehmen die Kontakt auf?

NA: Wie sieht es aus?

BMI: Beschissen. Ich bin demoralisiert.

NA: Ich hab's gewusst. Politik.

BMI: Nein, Feigheit der Verwaltung.

NA: Hast du definitiv eine Absage?

BMI: Ich habe von Laschet einfach nichts mehr gehört. Zur Liste gibt es wohl ständig Beratungen. Aber vor Ort ist schon eine andere Lage. Ghani übergibt an die Bärtigen und dann kommen meines Erachtens nur noch Ausländer raus.

NA: Was soll ich jetzt den Frauen sagen?

BMI: Den Frauen kannst du jetzt nur sagen, dass die deutsche Regierung noch »prüft«. Ich schäme mich ja, dass ich so gescheitert bin. Ich kann dir gerne die positiven SMSen von … zeigen, und dann macht er NICHTS.

BMI: Habe AKK gebeten zu helfen. Ghani hat das Land verlassen.

NA: Ja. Heute und morgen könnte man noch landen. Luft voll von Amis für eigene Evakuierung.

NA: Tweet von Matthias Gebauer: Ein paar Details zum Afghanistan-Notfallplan der Regierung: Heute Nacht fliegen zwei A400M nach Kabul. An Bord Krisenunterstützungsteam und rund 60 robuste Kräfte der Bundeswehr. Sie sollen die weitere Ausreise von DEU Staatsbürgern und danach Ortskräften organisieren.

NA: Wird meine Liste berücksichtigt? Laschet schreibt: »Handeln jetzt, ohne Zögern! Die Bundeswehr muss unverzüglich diejenigen in Sicherheit bringen, die in den vergangenen 20 Jahren vor Ort als Helfende und Unterstützende zu Freunden und Verbündeten geworden sind. Wir dürfen sie nicht im Stich lassen.« Das ist doch scheinheilig.

BMI: I know.

NA: Bitte sag mir, sobald du was zur Liste hörst, Be-
        scheid, ich trage Verantwortung für ihr Leben.

BMI: Nicht nur du. Ich auch.

NA: Afghanische Frauenrechtlerin zu mir jetzt im
        Moment: Du weißt nicht, wie die Amerikaner
        mit uns umgehen. Sie richten die Waffen auf uns
        und schreien uns an. Und drängen uns gerade
        wieder raus aus dem Flughafen.

BW: This Lady is a one of the persons that helped the
        GERMAN officials!

        PLEASE GRANT FOR HER SAFETY

        If you need further explanations call the number
        this message comes from!

NA: Soll ich ihr das weiterleiten?

BW: Ja.

NA: Soll sie das dann am Flugzeug vorzeigen?

BW: Wenn das nicht hilft, soll sie anrufen lassen!

BW: Namen, schnell.

NA: Ich habe bereits ihren Namen auf einer Liste, die
        dem Innenministerium vorliegt.

NA: Wann werden sie landen?

BW: Geheim.

NA: Ungefähr? Flug nach Afghanistan aus Deutsch-
        land dauert sechs Stunden.

NA: Dann also in ca. 4–5, oder?

BW: Könnte passen, wenn Luftbetankung stattfindet.

NA: Guten Tag, Herr … ich habe Ihre Kontaktdaten
        von Herrn Röttgen. Ich habe bereits meine
        Frauenliste ans Innenministerium durchgegeben.
        Darauf stehen Personen, die es zum Flughafen
        geschafft haben. Mit der Bitte, dass zumindest

diese beiden mitkommen. Wo sich im Moment die anderen Frauen aufhalten, weiß ich nicht.

BMVg B.: Guten Abend, Frau Amiri, danke für die Zusendung. Wir stehen im guten Austausch mit dem Innenministerium. Aber ich gebe die beiden Namen sicherheitshalber nochmals weiter. Wer es zum Flughafen nach Kabul schafft, hat – zumindest aktuell – sehr gute Chancen, mitgenommen zu werden. Niemand aber weiß, wie lange die Taliban eine Luftbrücke, die nicht nur Ausländer evakuiert, dulden …

NA: Bundeswehr müsste in ca. 4–5 Stunden in Kabul landen, das müsste noch zu schaffen sein.

BMVg B.: Liste gebe ich weiter. Wir tun vonseiten der Bundeswehr unser Möglichstes.

16. 08. 21

NA: Guten Abend, wann wird das erste Flugzeug landen? Ich weiß, die Landebahn muss erst von den Menschen, die sich darauf befinden, geräumt werden. Ist das bereits geschehen?

BMVg B.: Eine A400M kreist seit Stunden über Kabul, hat aber keine Landeerlaubnis. Es sind nach wie vor Zivilisten auf den Rollfeldern.

NA: Da steht sie. Koordinaten geschickt.

BW: AA hat Nachricht. Es wird dauern. Krisenteam ist noch nicht vor Ort.

NA: Maschine noch nicht gelandet?

NA: Man hört die Schüsse sehr nah.

NA: Kann man sie nicht jetzt schon rüberholen zu den Amerikanern?

NA: Ich fürchte, dass der zivile Teil des Flughafens bald von den Taliban gestürmt wird.

BW: Dann werden die ein Problem haben. Die 82. Airborne fackelt nicht lange.

Da auch eine AC-130 vor Ort in der Luft ist.

BW: Habe durch das Gespräch mit dem US-Soldaten beide nun zum Gate A-8 geschickt, da anscheinend dort ein Anlaufpunkt eingerichtet wurde.

NA: Danke!!!!!

BW: Hallo, Frau Amiri, die Lage am Flughafen spitzt sich zu. Es wurden Warnschüsse abgefeuert, und im Flughafengebäude sind die Taliban und liefern sich Gefechte mit amerikanischen Sicherheitskräften. Wir versuchen jetzt die beiden aus dem Flughafen einmal rum zum Haupttor der amerikanischen Basis zu bekommen, wo auch die deutschen Fallschirmjäger in vier Stunden landen werden. Ende.

MdB: Diese Arschlöcher, diese Arschlöcher.

NA: Standort: https://maps.google.com/?q=34565353, 69217934

BW: Das ist gut, dass die an dieser Position sind.

BW: Einsatzführungskommando Potsdam ist informiert.

BW: Standort: https://maps.google.com/?q=34560085, 69,217934

BW: Letzter Standort. Die Türken drängen die Menschen zum Rand des Flughafens. Wir müssen die Situation abwarten.

BW: Rücksprache mit EinsFüKom, da auch noch nicht klar ist, wo die hingehen sollen.

BW: Ja, das ist genau richtig. Ich sehe das auch, und die steht da ja schon seit 13.15 Uhr, und so wie es aussieht, ist auch noch nicht geklärt, wo der Point aufgebaut ist. Ich habe ans Einsatzführungskommando weitergegeben, dass dort die Personen noch stehen, wo sie vorher gestanden haben, und es ist Riesenchaos.

BW: Die »Amiri«-Liste muss an den Oberst aus meiner E-Mail.

BW: Die Bundeswehr MilEvacOp hat die Liste noch nicht!!

NA: Taliban sind anscheinend auf Flughafengelände.

NA: Luftwaffe für Evakuierung auf Flughafen Kabul gelandet.

NA: Gerade kam Meldung: The Crew made the decision to go. Inside RCH 871 we saved 640 from the Taliban. (Anmerkung: Hierbei handelt es sich um das US-Militärflugzeug, von dessen Flügeln Menschen in den Tod stürzten.)

BMI: Die Amis nehmen nur Citizen von Allianzstaaten, Angestellte von Contractors und Angestellte von Botschaften mit. Müssen mit dem Helikopter bereits am Samstag von Botschaften in den Militärflughafen geairliftet worden sein.

BW: Gedächtnisprotokoll des Funkverkehrs der Maschine, Pilot: Transportflugzeug, C-17 (Anmerkung: das, an dem die Leute dranhingen).

Controller: contact how many passengers on board … 800??? …holy…holy…cow…ok. when is your estsimate arrival at ocp…check…

144

Truppen am Boden, Funk zwischen Einheit und Einsatzleitung: »We need some water and resupply, we are quiet some time at the outer perimeter…situation is changing…you have to hold the perimeter…ok you have been overrun…you have to hold the position and keep the area free to let the aircraft start and land…ok you get support…

17. 08. 21

NA: Guten Morgen, Herr …, die Menschenrechtsaktivistin und weitere, die auf meiner Liste stehen, verweilen schon 24 Stunden am Flughafen, um auf die Maschine zu kommen. Als die Taliban stürmten, flohen sie. Ihnen wurde bis auf den Pass alles von den Taliban abgenommen. Wenn sie es riskieren, wieder zum Flughafen zu kommen, dann nur, wenn sie sicher mitgenommen werden. Gibt es dort nicht einen Ansprechpartner? Der ihnen Ort und Uhrzeit nennt, wo sie warten sollen? Ich habe gestern für ein Dutzend Menschen die Verantwortung übernommen, weil man mir sagte, sie stehen auf der Liste. Deshalb habe ich sie beinahe in den Tod getrieben.

BMVg B.: Das Auswärtige Amt hat uns gestern bei dem kurzen Aufenthalt der Maschine auf dem Flughafengelände nicht mehr Personen zugewiesen. Bundeswehr war ja bislang nicht am Boden und musste Botschaft verlassen. Mit dem ersten Flieger sind nun aber Soldaten am Flughafen geblieben, die die Luftbrücke aufbauen. Von uns gibt es klare Anweisung, Frachtraum inkl. Stehplätze vollzumachen.

NA: Was kann ich den Frauen sagen, wohin sie kommen sollen? Wer kann mir versichern, dass meine Liste vorliegt? Innenministerium sagt Ja, ebenso soll ihr Ministerium gesagt haben, sie liege vor.

BMVg B.: Ja, ich kann bestätigen, dass wir die Liste im Krisenstab ins AA gegeben haben.

BMI: Nach einem Bericht der BILD-Zeitung befinden sich nur sieben Menschen, die auf der offiziellen Evakuierungsliste standen, an Bord des Rettungsfluges. Mehr hätte die Botschaft nicht rechtzeitig zur Evakuierung an den Flughafen gebracht.

NA: Und jetzt? Wie geht es weiter? Meine Frauen würden es ja wieder versuchen, aber was, wenn sie dann wieder dort stehen und niemand nimmt sie mit? Das ist gefährlich. Habt ihr niemanden, der das dort vor Ort koordiniert???

BMI: Ich weiß es nicht. Du bist über deinen BW-Kontakt näher dran.

BW: Guten Morgen. Sobald die, zu denen Kontakt besteht, sich wieder aufmachen, sollen sie nicht wieder an den zivilen Teil gehen, sondern außen herum zum militärischen Teil.

Auf den SAT-Bildern von gestern ist dies deutlich zu sehen: rechts, gegen den Uhrzeigersinn, wird den meisten Sinn machen, da sich hier anscheinend weniger Hindernisse befinden.

Wenn sich dort, wo sie gestern waren, Deutsche befinden, wovon ich NICHT ausgehe, sollen die versuchen, mit jemandem zu sprechen und das Telefon mit Ihnen oder mir an der Leitung zu übergeben. Die Fallschirmjäger können besser Deutsch als Farsi und sprechen militärische Sprache.

NA: Ist eine deutsche Maschine dort im Moment? Eine ist schon raus.

NA: Nächste Maschine soll um 11:30 MEZ landen.

BMI: Taliban kontrollieren Zugang zum Flughafen. Nach BILD-Informationen kontrollieren die Taliban aktuell die Zufahrtsstraßen zum Flughafen in Kabul. Die Terrorgruppe organisiert und steuert außerhalb des Airports offenbar die Ausreise der Ausländer.

Auf Videos ist unter anderem zu sehen, wie die Taliban Ausländer in langen Schlangen zum Airport »geleiten«.

NA: Ja, meine Frauen waren da und hatten Kalaschnikows an den Schläfen.

BW: Meine Jungs haben seit gestern »Blackout«, das heißt Handys aus und keine Kontakte nach außen. Um sich und die Mission nicht zu gefährden. Das ist Standard.

NA: Ist das der Entry Punkt?

BMVg B.: Dazu habe ich keine Infos. Will da nichts Falsches sagen. Laut AA werden die Personen auf den Listen angerufen und sollen sich nicht eigenständig zum Flughafen begeben. Luftbrücke ist noch nicht offen. Sobald dies der Fall ist, wird es sicherlich Infos geben.

NA: Welches Ministerium hat die Koordination vor Ort in der Hand, das AA?

BMVg B.: Ja. Wir sind nur zur Unterstützung da, weil wir das entsprechende Gerät und ausgebildetes Personal für die Evakuierung haben. Aber AA hat Listen und ist dafür zuständig. Das AA sagt, dass lange nicht klar war, ob der Flieger landen kann (das kann ich bestätigen). Daher hat man nicht mehr Menschen zum Flughafen gebracht, falls es nicht geklappt hätte. Der Flieger selbst hat nur die mitgenommen, die da waren.

NA: Ok. Bitten Sie die Amerikaner um Unterstützung? Ohne einen Sicherheitskorridor wird es nicht gehen. Unsere BW-Soldaten wurden bereits von den Taliban angegriffen.

BMVg B.: Ja, ohne die USA geht es nicht.

NA: Man hätte eine Safe-Zone einrichten müssen, für die Menschen am Flughafen, sie waren ja schon dort gewesen. Ungeschützt. Hoffen wir auf morgen.

BMVg B.: Erste Priorität war wohl, auf dem Flughafen wieder Ordnung herzustellen, nachdem wir ja gestern die schrecklichen Bilder gesehen haben, wie Menschen sich außen an Flugzeugen festgehalten haben. Habe diese Info nun aus unserem Krisenstab im BMVg: Für uns war entscheidend zu landen und robuste Truppen reinzubringen. Das haben wir geschafft. Amerikaner haben über die 7 hinaus niemanden zu unserem Flugzeug gelassen. Warum das AA nur 7 Leute vor Ort hatte, ist eine berechtigte Frage an die. Wir sind mit erheblichem Risiko gelandet. In der Bundeswehr sind deswegen viele wütend auf Botschaft und

	AA. Jetzt organisiert Truppe vor Ort Personen-schleuse gemeinsam mit Amerikanern, nächster Flug 11:30. Unser Ziel: Solange wie möglich, so viele wie möglich.
NA:	11:30 deutsche Zeit? Und Flugzeit ca. eine Stunde?
BMVg B.:	Landung ist für 11:30 geplant. Warten noch auf Landeerlaubnis der Amerikaner. Aber momentan dürfen nur Nicht-Afghanen in den gesicherten Bereich am Flughafen.
NA:	Was ist jetzt mit meiner Liste?
BMI:	Ich sitze auf glühenden Kohlen, vor Ort ist alles unübersichtlich.
NA:	In der Nacht ist ein dritter deutscher Evakuie-rungsflug aus Kabul gestartet, wie aus Sicher-heitskreisen verlautet wird. An Bord seien mehr als 130 Menschen.
BMI:	Kann ich bestätigen.
BMI:	Schreib dir alles minutiös auf, Natalie, das wird noch wichtig werden.
NA:	In der Nacht ist ein dritter deutscher Evakuie-rungsflug aus Kabul gestartet. An Bord seien mehr als 130 Menschen.
BMVg B.:	Ja das ist korrekt.
NA:	Wieso kommen meine Frauen nicht auf die Ma-schinen? Sind das alles nur Deutsche? Ist eine Lö-sung für die Afghanen gefunden worden?
BMVg B.:	Nein, es sind auch andere Nationen und Afgha-nen an Bord. Das AA telefoniert die Personen der Listen ab.
MdB:	Die Talebs haben gerade für Afghanen Flughafen geschlossen, ist vorbei. Ich will nur noch tot sein.

NA: Hör mal, ich war jetzt übers Telefon mehr als 48 Stunden bei meinen Frauen am Flughafen in Kabul dabei. Die sollen gefälligst jemanden zum zivilen Flughafenbereich schicken und sie rüberholen in den Militärbereich. So schwer ist das doch nicht, verdammt.

MdB: Ich weiß. DU weißt. Hundertmal gesagt. »Gebe es gern weiter.«

18. 08. 21

NA: Und jetzt?

MdB: Biggest fuck up since 1945.

NA: Guten Morgen, wann landet das nächste Flugzeug? Ich habe jetzt vier Personen meiner Liste im militärischen Bereich des Kabuler Flughafens.

BMVg B.: Guten Morgen, ein weiterer Flieger ist vor ca. 30 Minuten in Taschkent gestartet.

BW: Durch KSK bestätigter Standort, wo die hinsollen.

BW: Setz die Journalistin und ihre Mutter auf die Liste!

BW: Das wird eine koordinierte Aktion.

NA: Welche? Mit OSF (Anmerkung: Open Society Foundation)?

BW: Ja. Für den zweiten Flug.

NA: Hilfst du ihnen?

BW: Ja.

NA: Sie ist auf meiner Liste. Nur die Mutter noch nicht.

BW: Habe mit ihr gesprochen. Sie sendet den Pass.

BW: Schreib ihr, dass sie dir den Pass von ihrer Mutter senden soll.

NA:	Hab ich jetzt weitergeleitet.
BW:	Rock 'n' Roll.
NA:	Ich glaube, Deutschland nimmt einfach keine schutzbedürftigen Afghanen mit. Man will keine weiteren Flüchtlinge, schon gar nicht vor der Bundestagswahl.
NA:	Ist die Maschine schon wieder abgehoben? Meine Leute wurden immer noch nicht kontaktiert, obwohl sie sich im militärischen Bereich aufhalten.
BMVg B.:	Guten Morgen, ein weiterer Flieger ist vor ca. 30 Minuten in Taschkent gestartet.
NA:	Danke, gibt es inzwischen einen Koordinator vor Ort, den ich erreichen kann?
BMVg B.:	Da habe ich leider weiterhin keine Kontaktdaten.

19. 08. 21

BW:	ALLE, zu denen du Kontakt hast und die noch da sind, sollen WEG vom Flughafen und zu Hause bleiben. DAS DING GEHT HEUTE HOCH!!!!!
NA:	Kannst du mir bestätigen, ob das am Kabuler Flughafen ist? North Gate.
BW:	Müsste so sein. Warte, gebe dir die Google Koordinaten, wo das sein könnte.
NA:	Ok.
NA:	Hast du von solchen krassen Zuständen auch gehört, ja?
BW:	Ja, das scheint das North Gate zu sein.
NA:	Und die Lage ist soo eskaliert?
BW:	JA!

Das meinte ich, als ich vorhin sagte, das Ding geht gerade hoch.

Also ist das Zeitfenster nun erst mal geschlossen und es kommt keiner mehr durch.

BW: Seehofer versucht gerade seinen Kopf zu retten. Pressekonferenz

20. 08. 21

BW: Evtl. wird nun militärische Gewalt eingesetzt und das Mandat erhöht. Wir haben einen bestätigten und einen nicht bestätigten durch Schusswaffe verletzten Staatsbürger.

BW: Vor Ort wird nun entschieden. Der General der Luftlandebrigade 1 und der US-General des Central Command haben »alle Entscheidungsgewalt und Freiheiten« erhalten.

NA: Garantierst du mir die Echtheit der Mail mit der Priorisierung?

BW: Das Ding ist VS-NFD.

BW: Das ist politischer Sprengstoff. Muss aber auch explizit sagen, dass es NORMAL ist, wenn man eine MilEvacOP durchführt und den Auftrag hat, DEU-Bürger auszufliegen und noch nicht alle raus sind.

NA: Mail-Wortlaut: »Es werden ausschließlich deutsche Staatsangehörige und Staatsangehörige anderer Nationen durchgelassen. Personen mit afghanischen Ausweisdokumenten werden nach wie vor, wie von ihnen beschrieben, abgewiesen!« (Anmerkung: Das Auswärtige Amt hat diese Mail auf meine Anfrage hin dementiert und

mir gesagt, dass es keine solche Weisung aus dem
Auswärtigen Amt gebe).

21. 08. 21

NA: Anhang: 00 000 239-VIDEO-2021–08–21–12–
    31–27.mp4>

BW: Es ist der Horror.

NA: Ist es gerade so?

NA: Weißt du das?

NA: Hab das Video zugeschickt bekommen.

BW: JA.

BW: Wenn unsere keinen Befehl erhalten, gegen die
    Taliban vorzugehen und für Sicherheit zu sorgen,
    können sie nix machen. Befehlsverweigerung
    und Eigenmächtigkeiten werden nicht stattfin-
    den!
    Was sollen unsere Jungs machen, wenn die nicht
    von der Leine gelassen werden.
    Taliban am Tor, ok, ist so.
    SOF (Anmerkung: Special Operation Forces,
    leichte Unterstützungshubschrauber für Spezial-
    kräfte) sind im Anmarsch, um die Sache, die
    ich gemeint habe, mit Punkt nennen, und dann
    werden die dort mit dem Helikopter abgeholt.
    Funktioniert halt nicht von jetzt auf gleich.
    Das ist richtig scheiße, aber ich würde auch einen
    Teufel tun und mir meine Rente und meine Dis-
    ziplinarakte versauen, weil ich meinte, klare Be-
    fehle missachten zu müssen. Nur um Wilder
    Westen zu spielen. Ich möchte nicht durch Ka-
    bul geschleift werden.

Die haben alle noch den Irak und Somalia im Kopf, wo das mit Soldaten passiert ist.

Entschuldige bitte den kleinen Ausraster.

Das Ganze ist einfach heavy und ich selbst fühle mich von unserer Politik verarscht.

Wofür war ich 23 Monate in der Wüste, wenn die das, was wir erreicht haben, nun einfach so verkaufen. Das kotzt einfach nur noch an.

Luftbrücke: (als Reaktion auf BW oben): Wenn er damit die beiden kleinen lächerlichen Helis meint, die sind, glaube ich, nur einmal auf dem Flughafen rauf und runter geflogen. Würde mich wundern, wenn die eine einzige Person evakuiert haben.

24. 08. 21

NA: Guten Morgen, Ruben (Kabul Luftbrücke), es gab wohl eine erfolgreiche Evakuierung über die Qataris, mehr als 100 Leute haben sich im Hotel Serena versammelt. Die Qataris kommen mit den Taliban gut aus. Sie haben alle safe mit Eskorte zum Flughafen gebracht, so müsste es gehen.

Luftbrücke: Ja, habe ich auch gehört, spreche darüber nicht. Sonst wird diese Option verbrannt.

NA: Guten Morgen, ich habe 11 Personen von meiner Liste am Abbey Gate stehen, seit gestern, sie haben einen Passierschein, sie sind auf der Maschine gebucht. Sie müssen nur am Gate reingelassen werden, aber kein Deutscher weit und breit. Man sagt ihnen, dass da ein Deutscher steht. Einer vom KSK muss sie abholen.

Sie kommen ansonsten nicht rein. Die Zeit drängt.

BMVg B.:   Ich versuche, es direkt weiterzugeben.

NA: Sie brauchen einen Kontakt, der sie abholt. Sie stehen direkt am Gate.

BMVg B.:   Ich versuche es direkt weiter nach Kabul zu geben.

NA: Ja, das ist jetzt die einzige Möglichkeit. Es geht wirklich um Minuten.

BMVg B.:   Die Kollegen sind dran. Ich selbst habe keinen Kontakt zu den Soldaten vor Ort. Ich bete, dass es klappt.

NA: Besänftigen die Sie, oder setzen sie es wirklich um?

BMVg B.:   Antwort war: Haben Daten aufgenommen und sind an schneller Lösung dran. Die versuchen, den Ansturm irgendwie zu koordinieren.

Luftbrücke: Natalie, ich habe eine Liste von Leuten von dir geschickt bekommen, sind die schon drin?

NA: Sie sind am Abbey Gate.

Luftbrücke: Sie sollen zu den Germans. Sie sollen sagen, sie sind auf den Flieger um 14 UTC Boarding UTC mit dem Callsign NAG55IW gebucht.

NA: Jemand muss sie reinlassen! Da stehen sie: Koordinaten.

Luftbrücke: OK, Mist, also immer noch draußen, versucht sie irgendjemand reinzubekommen?
Dann nehmen wir die mit.

NA: Ja, habe einen Ami on the ground gefunden.

NA: Hi Jon, this is Natalie, I got your contact details from Charles. He told me you are on the

	ground. I have 11 Afghans, they have the ok from Germany, they are booked on the next airplane. Please help.
US Army:	Are they near the Abbey Gate? That is the only one that is letting people in right now. They need to get near the marines before they can help.
NA:	They are directly at the Abbey Gate.
US-Army:	They need to tell the British soldiers that they have German papers. There are Germans at the Gate.
NA:	I know, but the problem is: There are no Germans at the moment.
US-Army:	I will try to talk to the Germans ASAP.
NA:	Thank you John!
US-Army:	Please try and call text or whatsapp +870 772 602 117. I can't track down a German here at the center. German deputy commander.
NA:	I called them, they hung up the phone after I asked for help.
NA:	Der Typ aus Qatar kann helfen: He's been the only person that can help, sagt man mir.
Luftbrücke:	Gut.
NA:	Negativ: Hello. Unfortunately I'm not connected to the individuals responsible for the escort/airport access and I don't know what the situation is like on the ground.
NA:	(vier Stunden nach dem letzten Kontakt zum BMVg) Es hat sich niemand gemeldet!!!!!!!!!!!!!!

BMVg B. hat sich daraufhin nie mehr gemeldet.

BMVg S.:	Ihre Liste wurde heute Morgen an das Krisen-redaktionszentrum des AA weitergeleitet. Von dort sollten Sie eine Eingangsbestätigung erhalten haben.
NA:	Habe ich nicht … Eine Maschine der Bundes-wehr ist leer zurückgeflogen, und meine Frauen standen 48 Stunden am Abbey Gate – keiner konnte vor Ort die Zuständigen auftreiben.
BMVg S.:	Ich habe nochmals direkt AA-Krisenreaktions-zentrum und US-Vertreter kontaktiert.
NA:	Seit vier Tagen harren sie aus, sehen Sie, wie sie inzwischen aussehen. Es ist zum Verzweifeln.
NA:	Das sagt mir die NATO: Natalie. Please tell your girls to move away from the airport as soon as possible. WIR MÜSSEN UNS BEEILEN.
BMVg S.:	AA teilt mit, man gehe in einer Stunde zum Flug-zeug und könne nicht mehr helfen. Ich versuche noch Kontakt über BW.
NA:	Sie sind auf den Flieger gebucht. Um 14!!!! Je-mand muss sie einfach nur reinholen.
MdB:	Habe gerade 3-Sterne-General vor der Türe des Ausschusses zusammengeschrien. Er will helfen.
NA:	Sie stehen direkt am Gate. Sie haben sich rote Tücher um ihre Armgelenke gebunden, damit ihr sie erkennt am Gate. Gib das weiter.

26. 08. 21

NA:	Das Flugzeug, das Kabul Luftbrücke gechartert hat, ist fast leer zurückgeflogen!!!! Weil sie keine Unterstützung vor Ort bekamen. Das kann doch nicht sein.

MdB:	I know. Fuck. Mehr Generäle kann ich nicht anschreien. Die US-Streitkräfte sagen, dass von oben der Befehl kommen muss, die Listen der Deutschen an den Gates zu übernehmen und ggf. Menschen durchzulassen. Die militärische Führung erlaubt das nicht. Dann kann nur die politische Führung durchgreifen. Die Bundeskanzlerin muss durchgreifen.
NA:	Ich habe es Seibert durchgegeben. Er sagte, er reicht es so schnell wie möglich weiter an die Einsatzleitung.
Luftbrücke:	Wir werden das eines Tages alles öffentlich machen, alles was schiefläuft. Aus meiner Sicht haben wir mittlerweile inzwischen so viel Erfahrungen gesammelt, dass es für mindestens zwei oder drei Minister/innen Rücktrittsgründe gibt. Es gibt aber nur noch ein Zeitfenster von zwei, drei Tagen für Evakuierungen, deshalb müssen wir uns danach darum kümmern.
NA:	Fliegt ihr noch mal?
Luftbrücke:	Wir versuchen es. Haben gerade zwei Slots für den A329, den wir gechartert haben, verloren, weil die Deutschen Mess up mit den Amis gemacht haben und die uns jetzt weggenommen wurden, aber wir sind dran. Ob es klappt, weiß ich nicht. Aber es ist so frech. Wir haben die Nacht davor stundenlang versucht, Leute durchs Gate zu kriegen, warst ja dabei, die hätten alle auf dem Flieger sein können, und keiner kam mit.
NA:	Also kann ich den Frauen noch Hoffnung machen?

Luftbrücke: Eher nicht, wir kriegen ja niemanden so richtig rein.

NA: Und wenn sie es selbst schaffen, reinzukommen? Ist aber gerade gefährlich, habe von den Amerikanern einen neuen Hinweis bekommen, off the record, dass es Anschläge geben wird, von Daesh, IS.

Luftbrücke: Also das letzte Flugzeug, das wir gechartert haben, ging mit 18 Leuten raus und ist mit 10 % Auslastung geflogen, weil wir nicht vernünftig unterstützt wurden.

NA: BREAKING: Reports of a large explosion and gunfire at the Abbey Gate of the Hamid Karzai International Airport in Kabul.

MdB: Suche nach Gate. Die Explosion war am Abbey Gate. Ich will tot sein.

NA: Lieber Herr … ich bin gespannt auf die Konsequenzen dieses deutschen Versagens. Ihnen wollte ich aber dennoch danken für Ihren Einsatz. Wenn es nicht geklappt hat und die Frauen sich im Moment in Kabul verstecken, hatten Sie mir als Einziger das Gefühl gegeben, dass Ihnen wirklich an der Evakuierung der Schutzbedürftigen etwas liegt.

Luftbrücke: Security threats waren wohl doch sehr real.

NA: Bundeswehr raus, keine Deutschen mehr da. Einsatzkommando laut Verteidigungsministerium zusammengepackt. Evakuierung geht jetzt nur noch über USA oder die Briten.

Die Kommunikation mit der Organisation »Kabul Luftbrücke« hält bis heute an. Keine einzige der Personen auf meiner eingereichten Liste von Schutzbedürftigen ist bis Ende August über die Bundeswehr rausgekommen. Sie verharrten tagelang vor den Gates am Flughafen und warteten auf deutsche Hilfe, die ihnen zugesichert wurde.

BILD meldete am 28. 08. 21 unter Verweis auf eine Schaltkonferenz zwischen Innenministerium, Auswärtigem Amt und weiteren Behörden, unter den geretteten Afghanen seien nur ein Bruchteil Ortskräfte, die für die Bundeswehr tätig waren:

»Demnach waren (Stand 26. 08. 21) von knapp 3600 Afghanen, die seit dem 17. August ausgeflogen wurden, nur rund 100 Ortskräfte, dazu ca. 370 Familienangehörige.

Brisant: Noch am Mittwoch hatte das Auswärtige Amt erklärt, dass sich unter den ausgeflogenen Afghanen ›eine beträchtliche Anzahl ehemaliger Ortskräfte‹ befinde.«

Der amerikanische Rückzug wurde im Februar 2020 beschlossen. Zalmay Khalilzad, Chefunterhändler der USA und afghanisch-amerikanischer Diplomat, unterschrieb das Abkommen zur Friedensstiftung in Afghanistan, das den Abzug der Amerikaner konkret zusagte. Er ist in Afghanistan alles andere als wohlgelitten: »Wir hassen ihn, weil er Afghanistan mit einer Unterschrift den Taliban verkaufte«, sagt eine Bekannte in Kabul zu mir.

Der Afghanistan-Kenner Ruttig sagt zu dem Abkommen: »Meine Schlussfolgerung nach x-maligem Lesen des Abkommens: Die Formulierungen sind oft vage und in vielen Medien dann zudem noch falsch dargestellt. Damit waren die Hürden für die Taliban tatsächlich nicht sehr hoch, und das entsprach meines Erachtens dem Hauptanliegen der Amerikaner unter Trump: raus aus Afghanistan. Es war also ein Abzugs-, kein Friedensabkommen. Darum ging es in dem Abkommen gar nicht, dennoch hieß es in diplomatischer Sprache: ›Abkommen, um Frieden herbeizuführen.‹«

Omid Nouripour ist entsetzt über die Art des Abzugs und die Verhandlungen im Vorfeld. »Trump hat Khalilzad, dem, ich glaube, meistgehassten Mann in Afghanistan, das Präsidentenamt versprochen, wie man hört, wenn er jetzt einfach mal die Jungs (US-Soldaten) nach Hause holt. Khalilzad ist zu den Taliban hingegangen und hat gesagt: ›Wir wollen, dass ihr nie wieder mit al-Qaida zusammenarbeitet.‹ Dann sagten die Taliban: ›Okay.‹ Fertig. Das waren die gesamten Verhandlungen. Damit ging die komplette Zerstörung der Autorität der afghanischen Regierung einher, die Zerstörung jedes Ansatzes einer Aussöhnung, eines nationalen Dialogs. Ami und Talib einigen sich. Der Ami gibt dem Talib, was er immer schon wollte, und will dafür eigentlich nix außer dem Versprechen, was die Taliban nicht auch nur eine Sekunde eingehalten haben. Dann gingen sie auseinander. Biden kam und sagte: ›Wir ziehen am 9.11. ab.‹ Dann haben sie festgestellt: Das wäre gar nicht so klug von uns, denn das würden die Dschihadisten abfeiern als nächsten Sieg über die Amerikaner. Und dann haben sie das Ganze kurzfristig ein paar Wochen vorgezogen auf den 31.08.21. Mit verheerenden Folgen.«

Ex-Präsident Ghani meldet sich Ende Dezember zu Wort, versucht seine Flucht aus dem Land zu entschuldigen und bestärkt Nouripours Aussage: »Anstelle eines Friedensprozesses haben wir einen Rückzugsprozess.« Letzterer habe auf eine Art stattgefunden, die das afghanische Volk massiv bedrohte.

Mahbouba Seraj sagt mir, dass sie immer noch nicht verstehen könne, warum man so sehr an diesem Datum festhielt. Erst dadurch verlief die Evakuierung von Zehntausenden von Menschen so dramatisch. Diese zwei Wochen, von Mitte bis Ende August 2021, werden für eine sehr lange Zeit – vermutlich für immer – im Gedächtnis der Afghanen bleiben. Ein Trauma. Vielen, mit denen ich vor Ort spreche, schossen sofort Tränen in die Augen, wenn ich sie danach fragte. Andere erzählten mir, dass sie in dieser Zeit in Depression verfielen, Panikattacken erlebten, Stressexzeme an Händen und Füßen und im Gesicht bekamen.

Einer wird im Moment noch mehr gehasst als der Dealmaker Khalilzad. Afghanistans letzter Präsident, Ashraf Ghani. »Wir hatten ihm geglaubt, ihm vertraut, er hat uns einfach im Stich gelassen und ist nach Dubai abgehauen«, so ein enttäuschter afghanischer Student.

»Ashraf Ghani ist ein beratungsresistenter, inkompetenter und unfähiger Egomane«, sagt mir Omid Nouripour: »Er war ein großer Fehler auf der Liste der Fehler der Amerikaner. Aber Ghani sprach sehr gut Englisch. Das hat den Amerikanern gefallen.«

»Wir sollten die Waffen niederlegen«, erzählen mir Soldaten des afghanischen Militärs und Sicherheitskräfte. »Der Befehl kam von oben.« Die Hinweise verdichten sich immer mehr, dass es einen Deal gegeben haben muss. »Ein politisch gut vorbereiteter Zusammenbruch, der geplant war, und Ghani war dabei nur ein Strohmann«, so der afghanische Oppositionspolitiker Ahmad Wali Masoud. Und auch der ehemalige Staatssekretär des Verteidigungsministeriums Thomas Silberhorn hört von Absprachen: »Die militärischen Streitkräfte hatten einen Deal mit den Taliban, so mein Eindruck.

Man wusste seit Langem, dass der Afghanistan-Einsatz gescheitert war. Doch man wollte ehrenvoll das Land verlassen. Deshalb wurde ein Abzug immer wieder rausgezögert. Fest steht: Schon die Obama-Regierung wollte aus Afghanistan raus. Es hat mehr als ein Jahrzehnt gedauert, um sich einzugestehen, dass Afghanistan nicht mehr zu retten war. Und ehrenhaft das Land zu verlassen, ist auch nicht gelungen.

Eine wahrheitsgemäße und realistische Rekonstruktion des Abzugs der internationalen Staatengemeinschaft aus Afghanistan zum heutigen Zeitpunkt ist schwierig, vielleicht wird es eines Tages in den Akten der CIA nachzulesen sein. Doch die werden erst in vielen Jahren öffentlich gemacht.

Trotz des Chaos, der Blamage und Bankrotterklärung am Flughafen in Kabul bin ich dankbar. Im Nachhinein haben alle Frauen, alle Schutzbedürftigen auf meiner Liste inklusive ihrer Kernfamilien von Deutschland einen Aufenthaltstitel erhalten. Mithilfe von »Kabul Luftbrücke« werden sie bis heute evakuiert. Das Zustandekommen zweier Listen, der Ortskräfteliste und der Liste der Schutzbedürftigen – Frauen, Menschenrechtsaktivisten und andere Verfolgte – dauerte wegen Ressortstreitigkeiten Wochen. Dass die Frauen auf dieser zweiten Liste verbleiben durften, ist einer Handvoll mutiger Beamten und Beamtinnen im BMI und AA zu verdanken, die beharrlich an der Verwendung dieser Liste und der Rettung der Menschen auf der Liste arbeiteten – oft gegen Kleinmut, Verzagtheit und Gleichgültigkeit ankämpfend. Einer der Beamten begründete seinen Einsatz mir gegenüber auch damit, dass »wir mit den Frauen eine wichtige Säule des freien Afghanistans retten und bei uns in Deutschland schützen müssen, um für dieses geschundene Land eine Zukunft zu bewahren. Diese Frauen stehen für unsere Werte und für unsere Gesellschaftsordnung. Wir müssen sie hier schnellstens mit den ebenfalls zu evakuierenden Ortskräften und ihren Familien vernetzen, denn beide Gruppen sind motiviert, an einem Afghanistan von morgen zu arbeiten. Mit der Rettung und Verbringung nach Deutschland fängt die Arbeit erst an. Diese Frauen kommen in ein Deutschland, dessen bürokratische Integrationszuständigkeiten zerklüftet sind wie die Geographie Afghanistans und in dem es einer zentralen Koordination bedarf, um die Geretteten als das zu erkennen, was sie sind: eine Bereicherung für unser Land.«

Wie schön, das aus dem Innenministerium zu hören.

Selbst lange nach Mitternacht, wenn ich mein Handy auf stumm stellte und mich erschöpft ins Bett legte, konnte ich schlecht einschlafen. Ständig musste ich an Sahar denken, die Schwester von Hamed Ahmadi, den ich im August in Venedig kennengelernt hatte. Sie schickte mir Bilder vom Flughafen in Kabul. Wie wird es ihr heute Nacht gehen? Was muss sie durchmachen? Hoffentlich erreiche ich sie morgen früh …

13 Sahars Flucht

Seit die Taliban die Hauptstadt eingenommen haben, versuchen Zehntausende zu fliehen. Wohin, wissen sie nicht. Sahar ist eine von ihnen. Sie wird die nächsten Tage durch die Hölle gehen. Ihr Bruder hatte mir in Venedig erzählt, sie wolle partout nicht kommen, weil sie Afghanistan so sehr liebt.

Zwei Tage nach dem Dreh in Venedig, es ist Sonntag, der 15. August, schickt mir Hamed Sahars Nummer, ich soll sie überreden, das Land zu verlassen. Wir telefonieren. Sie geht nicht mehr auf die Straße, sagt sie mir. Sahar muss um ihr Leben fürchten. Vor zwei Monaten hat sie der BILD-Zeitung ein Interview in Kabul gegeben und gesagt, sie würde, wenn nötig, auch Waffen in die Hand nehmen, um die Taliban zu bekämpfen. Sie kaufte sich Nahrungsmittel für einen Monat. Will sich zu Hause verbarrikadieren. Packt dann doch ihre Sachen. Zu Hause, sagen ihr Freunde, werden sie die Taliban abholen.

Sahar entscheidet sich, zum Flughafen zu gehen. Für Sahar sah es auf der Straße aus wie im Film, die Taliban waren auf ihren Pick-ups vorgefahren, massiv bewaffnet. Sie hatte die Taliban noch nie aus der Nähe gesehen. Ab hier dreht sie alles mit dem Handy. Ihre Filme liefern tiefe Einblicke in das Geschehen vor Ort. Über den Luftweg, so hofft sie, kann sie das Land noch verlassen. Doch der zivile Luftverkehr ist inzwischen eingestellt. Lediglich Militärflugzeuge dürfen hier landen und abheben. Sahar steht auf einer Evakuierungsliste der Deutschen, zumindest wurde ihr das versprochen. Der Flughafen ist ein einziges Chaos. Die Amerikaner betreiben seit Beginn des ISAF-Einsatzes im Norden des Flughafens eine eigene Basis. Hier findet die Evakuierung statt. Nur wer es hierher schafft, kann fliegen. Das Problem: Man kommt nicht rein. Sahar schickt mir verzweifelt eine Sprachnachricht: »Natalie, die Amerikaner sind so aggressiv, sie sind so brutal. Du kannst dir nicht vorstellen, wie sie die Menschen hier behandeln. Natalie, ich komme nicht weiter, sie bedrohen uns mit Waffen und werfen alle wieder raus aus dem militärischen Flughafenbereich.«

Sahar gelingt es trotzdem, die Nacht über am Flughafen zu bleiben, schlafen wird sie nicht. Sie hat Angst, dass die Taliban den Flughafen stürmen, dass die Amerikaner sie zurückdrängen, von vorne und hinter sich hört sie Warnschüsse, jeweils abgegeben von den gegnerischen Lagern. Und mittendrin sie, als Frau, allein. Sie beobachtet, wie sich ein riesiges Transportflugzeug der US-Luftwaffe mit Afghanen füllt, eigentlich sollte es nur Ausrüstung für die Evakuierungsaktionen liefern. Bevor die Besatzung das Material entladen kann, werden die Sicherheitsabsperrungen von Hunderten Afghanen durchbrochen. Die Crew an Bord entscheidet, das Flugzeug zu starten. Eigentlich hat es Platz für 134 Personen, es hebt mit 640 ab. Sahar sieht, wie die Menschen schon vorher panisch versuchten, sich auf den Tragflächen festzuhalten. Sie kauern sich zusammen. Verzweifelte Afghanen halten sich am Fahrwerk fest. Mindestens zwei von ihnen stürzen in den Tod. Sie fallen einfach so herunter, vor Sahars Augen. Nach Landung der Maschine wird eine

Leiche in einem Radkasten gefunden, kann man später in den Nachrichten lesen.

Sahar wartet auf das Flugzeug der Bundeswehr. Sie versucht immer wieder, in den militärischen Teil des Kabuler Flughafens zu gelangen. Die Amerikaner treiben sie zurück. Plötzlich hört sie die Taliban näher kommen, sie schickt mir ein Video, auf dem man heftige Gefechte, Schreie hört.

Sie ruft mich verzweifelt an. Ich sehe nur ihr Bild, der Ton ist weg, und dann ganz kurz ihr entsetztes Gesicht. Als würde sie dem Tod in die Augen blicken. Eine Stunde später schickt sie mir ein weiteres Video, auf dem Taliban-Kämpfer zu sehen sind, die mit ihren Waffen in ein Flugzeug steigen. Sie flieht. Nur raus aus dem Flughafen, zurück nach Hause. Dort angekommen, schickt sie mir eine Sprachnachricht: »Es war schrecklich heute. Als wir aus dem Flughafen gestürmt sind, haben uns die Taliban gestoppt. Sie nahmen mir mein ganzes Gepäck, alles, was ich dabeihatte; diese Drecks-Taliban haben mir alles genommen. Nur meinen Pass hatte ich in meiner Unterwäsche versteckt. Du warst nicht dabei, Natalie, heute Nacht. Es war schrecklich: Kleine Kinder haben geweint, eine schwangere Frau ist zusammengebrochen. Die Menschen haben geschrien. Von der einen Seite schossen die Amerikaner, von der anderen kamen die Taliban. Und die armen Menschen Afghanistans genau dazwischen, mit der Hoffnung, dass sie auf ein Flugzeug kommen, das sie wegbringt.«

Sahar hat es nicht gesehen, doch während sie am Flughafen um ihr Leben kämpft, kreist das erste Flugzeug der Bundeswehr über ihrem Kopf. Doch das Rollfeld am Flughafen ist immer noch voll von Menschen. Deshalb bekommt die A400M keine Landeerlaubnis. Ich weiß es, ich stehe ja in

Kontakt mit allen Behörden. Aber ich kann Sahar nicht helfen. Machtlos sehen wir zu, wie nach stundenlanger Verzögerung die erste Evakuierungsmaschine der Bundeswehr landet. Und nach 30 Minuten aufgrund der Sicherheitslage wieder startet. Mit sieben Menschen an Bord. Mehr Personen habe die Botschaft nicht mehr rechtzeitig zum Flughafen bringen können, heißt es. Sahar war da, aber keiner, der sie reinließ. Man sieht inzwischen kaum noch Frauen auf der Straße, erzählt mir Sahar. Trotzdem wagt sie sich am nächsten Morgen erneut zum Flughafen. Dieses Mal versucht sie es gleich über den Nordeingang. Dort stehen aber inzwischen die Taliban vor dem Evakuierungsbereich und halten ihr eine Kalaschnikow an die Schläfe, fordern sie schreiend auf, abzuhauen. Hier komme kein Afghane in den Flughafen.

Sahar hat dennoch Glück, denn die Italiener kümmern sich nun um sie. Ihr Bruder Hamed hat sich aus Venedig eingeschaltet, er kennt Politiker, die dafür gesorgt haben, dass Sahar vom zivilen Bereich des Flughafens in den Militärbereich der Amerikaner gelangt. Es heißt, wenn man es bis hierher geschafft hat, kommt man auf eine Maschine. Raus in die Freiheit. Seit sieben Uhr morgens sitzt sie dort und wartet, dass sie ein deutsches Flugzeug mitnimmt. Bisher sind zwei gelandet und gestartet, ohne sie.

Sie versucht deutsche Kontaktstellen zu erreichen: »Das Flugzeug hat Taschkent vor einer Stunde verlassen, es müsste in ca. einer Stunde hier sein. Ich wollte fragen, wie komme ich in das Flugzeug, und kann ich mit der Gruppe nach Deutschland fliegen?«

Die Schutzbedürftige erreicht niemanden. Keiner gibt ihr Auskunft, sie ist sich selbst überlassen. Obwohl die Bundesregierung immer wieder betont, dass sie hilft. Sahar kommt schließlich auf ein italienisches Flugzeug. Mir schickt sie noch ein Bild von ihr vor dem Flugzeug in Kabul. Sie lacht, doch darunter schreibt sie: »Aber mein Herz bleibt in Afghanistan.«

Monate später, Ende Dezember, frage ich Sahar, wie sie sich in den Tagen der Evakuierung fühlte, was sie dachte. Sie antwortet mir: »In diesen drei Tagen hatte ich viele sonderbare Gefühle. Zum einen war ich sehr traurig, weil ich ja eigentlich gedacht hatte, den Rest meines Lebens in Afghanistan verbringen zu können. Nachdem ich 30 Jahre als Flüchtling im Iran verbracht hatte, wollte ich in meiner neu entdeckten Heimat bleiben. Ich wollte hier heiraten und Kinder bekommen. Und jetzt musste ich wieder flüchten. Das war ein schlimmes Gefühl. Als würde mein Herz herausgerissen. In den ersten Monaten danach ging es mir sehr schlecht, so schlecht, dass ich es kaum ertragen konnte.

Ich musste meine ganze Hoffnung aufgeben, die Begeisterung, mit der ich mein Restaurant eröffnen wollte. Ich hatte geglaubt, dass ich etwas bewirken kann. Ich weiß nicht, ob ich es dir erzählt habe oder nicht, aber was du in Kabul gesehen hast, das war am Anfang eine Ruine. Und du hast gesehen, was für ein Juwel ich daraus gemacht habe. Und innerhalb von einem Tag hat sich diese ganze Hoffnung in Luft aufgelöst.

Ich gehörte zu denen, die bis zum letzten Tag Widerstand geleistet hatten. Schau, ich war nicht dumm. Ich sah schon, dass die Taliban unser Land erobern werden. Ich wollte mir aber keine Sorgen machen. Ich wollte mich bewusst von schlechten Nachrichten fernhalten. Ich verfolgte kein Instagram und keine Nachrichten. Bis zum letzten Tag hatte ich die Hoffnung, dass es nicht so weit kommt. Bis ich am

Flughafen in Italien ankam, stand ich unter Schock. Als ich meinen Bruder Hamed sah, empfand ich keine Freude. Ich konnte nicht glauben, dass mein Leben innerhalb von wenigen Tagen zerstört wurde.

Je länger ich hierbleibe, desto mehr vermisse ich Kabul und die liebenswürdige Umgebung. Es ist aber alles verloren. Wenn du mit 32 einiges für dich aufgebaut hast und dann alles verlierst, das ist sehr schmerzhaft. Es ist für mich schlimm, jetzt die Hand aufzuhalten und fremde Hilfe in Anspruch zu nehmen. Ich glaube, es ist unser Schicksal, dass wir Afghanen nie zur Ruhe kommen und ständig auf der Flucht sein müssen. Der Grund liegt hauptsächlich bei uns selbst, aber auch bei denen, die uns tyrannisieren und dieses Feuer immer von Neuem anfachen.«

Als ich in ihrem Restaurant in Kabul sitze und mit ihr spreche, erzähle ich ihr von meinem Interview mit Mahbouba Seraj, die mir sagte, dass die Frauen nicht gehen, nicht flüchten, sondern bleiben sollen. Dass sich die Taliban so an Frauen in der Öffentlichkeit gewöhnen müssten. Sahar antwortet mir so schnell, als würde sie permanent über genau diese Frage nachdenken: »Ja, ich will zurückkehren. Ich lebe hier jeden Tag mit einem schlechten Gewissen. Wenn Frau Seraj, die sie auch Mutter der Nation nennen, so etwas sagt, dann muss sie aber auch etwas dafür tun. Wenn ich, wenn wir Frauen zurückkommen, dann müssen wir eine Bewegung starten, nicht nur auf Twitter. Wir dürfen nicht nur mit Worten protestieren, es darf nicht nur bei wohlklingenden Sätzen bleiben. Wir brauchen eine Revolution der Frauen. Wenn ich wüsste, die Afghaninnen würden gemeinsam für ihre Rechte kämpfen, dann kaufe ich mir noch heute ein Ticket und komme zurück«, sagt sie. Und ihre Stimme zittert.

14 Taliban 2.0?

Ich bin in der Provinz Kandahar angekommen. Sie liegt im Süden Afghanistans. Zusammen mit meinem Producer, der in Kabul wohnt, bin ich hierhergeflogen. Zurück wollen wir mit dem Auto. Mal sehen, ob wir es schaffen. Er ist diese Strecke noch nie gefahren. Doch erst einmal sind wir hier, in der Hochburg der Taliban. Im Zentrum des Talibanismus. Das Wort gibt es nicht auf Deutsch, aber es fühlt sich passend an.

Kandahar soll sicherer sein als Kabul. Weil es hier von Taliban wimmelt, würde sich Daesh-K nicht hierhertrauen, sagt man mir. Als ISIS-K, IS-K oder auch Daesh-K wird der afghanische Ableger der Dschihadistenmiliz Islamischer Staat (IS) bezeichnet. Das »K« steht für die Provinz Chorasan, die sich einst von Zentralasien über Afghanistan bis nach Iran zog.

Jahrelang versuchten die USA und die Taliban, Daesh-K zu bekämpfen – ohne Erfolg. Zu der Terrorgruppe sollen ehemalige Taliban, Islamisten aus Pakistan, aber auch viele jüngere Afghanen aus der Mittelschicht der Städte gehören. Die Taliban und der Islamische Staat gelten als verfeindet. Daesh-K hatte sich zu dem verheerenden Terroranschlag am 26. August 2021 am Kabuler Flughafen bekannt. Bei dem Angriff verloren mindestens 170 Afghaninnen und Afghanen und 13 US-Soldatinnen und -Soldaten ihr Leben.

Es ist sicherer auf den Straßen, aber gefährlich für ehemalige Sicherheitskräfte. Die Taliban machen Jagd auf sie. Die Kämpfe um Kandahar zwischen der Armee und den Taliban im Sommer 2021 waren heftig. Als wir etwas außerhalb der Stadt an der riesigen ehemaligen US-Militärbasis vorbeifahren, sehe ich einen Friedhof. Unser Fahrer erklärt, dass die Gräber ganz frisch sind. 250 Soldaten und Polizisten liegen hier begraben. Sie sind in einer einzigen Nacht umgekommen, im Kampf gegen die Taliban. Umsonst. Am 12. August wurden die Sicherheitskräfte geschlagen, die Waffen niedergelegt, Kandahar eingenommen. Die Augen des Fahrers sehen traurig aus, als er uns die verschmierten Grabsteine zeigt. »Auf den Steinen standen ihre Namen und Geburtsdaten. Sie haben sie einfach unkenntlich gemacht, das ist gemein. Teilweise haben sie die Steine zerstört. Jeder weiß doch, dass die toten Körper sich darunter nicht mehr wehren können. Aber die Taliban zerstörten sogar die Grabsteine.«

Die Toten, die hier liegen, wurden ein zweites Mal ausgelöscht.

Unser Fahrer war auch Polizist. Jetzt hat er seinen Job verloren – und muss um sein Leben fürchten. Dass ihn die Taliban erkennen und ihn zur Rechenschaft ziehen, so wie Tausende andere, die im afghanischen Sicherheitsapparat gearbeitet haben. Er fragt mich, ob ich Interesse hätte, mit einer Ex-Polizistin zu sprechen. Er hatte mit ihr zusammen gearbeitet. Jetzt versteckt sie sich zu Hause. Wir fahren zu ihr. Halten am Stadtrand vor einem einfachen Lehmhaus. Wir treten in den Innenhof. Aus allen Fenstern blicken mich Kinderaugen an. Dann gehen wir ein paar Treppen hinauf. Ich schiebe einen Vorhang zur Seite und gehe in einen kleinen Raum, in dem sechs Menschen sitzen. Eine Heizung gibt es nicht, es ist kalt. Eine junge Frau wird mir vorgestellt: die Ex-Polizistin. In der Nacht, als die Taliban Kandahar eingenommen haben, hat sie alles – ihre Uniform, ihre Abzeichen – im Innenhof verbrannt. Sie wurde von ihren Kollegen respektiert, als sie als Polizistin in Kandahar arbeitete, erzählt sie mir. Ich frage ihre Mutter, wie sie diese Situation empfinde, dass ihre Tochter nun keinen Job mehr hat, sich verstecken muss. Die Mutter sagt mir: »Ich war auch Polizistin, wir haben beide für Sicherheit gesorgt, gegen die Taliban gekämpft und haben jetzt alles verloren.« Sie haben kein Einkommen mehr, keine Absicherung. Das Haus ist voller Kinder, und der Winter steht bevor. Eine andere Arbeit können sie nicht finden. Die Taliban könnten sie identifizieren.

Am 5. Dezember 2021 veröffentlichen Australien, Belgien, Bulgarien, Dänemark, Deutschland, die Europäische Union, Finnland, Frankreich, Japan, Kanada, Neuseeland, die Niederlande, Nordmazedonien, Polen, Portugal, Rumänien, Schweden, die Schweiz, Spanien, die Ukraine, das Vereinigte Königreich und die Vereinigten Staaten eine Erklärung:

»Wir sind zutiefst besorgt über die Berichte über außergerichtliche Tötungen und das gewaltsame Verschwindenlassen ehemaliger Angehöriger der afghanischen Sicherheitskräfte, die von »Human Rights Watch« und anderen dokumentiert wurden. Wir betonen, dass die infrage stehenden Taten schwere Menschenrechtsverletzungen darstellen und im Widerspruch zu der von den Taliban angekündigten Amnestie stehen. Wir fordern die Taliban auf, die Amnestie für ehemalige Angehörige der afghanischen Sicherheitskräfte und ehemalige Regierungsbeamte wirksam durchzusetzen, um sicherzustellen, dass sie im ganzen Land durchgängig eingehalten wird. Die dokumentierten Fälle müssen unverzüglich und transparent untersucht und die Verantwortlichen zur Rechenschaft gezogen werden. Diese Schritte müssen öffentlich bekannt gemacht werden, um als unmittelbare Abschreckung für weitere Tötungen und das Verschwindenlassen von Personen zu dienen. Wir werden die Taliban weiterhin an ihren Taten messen.«

Die Taliban, so wie wir sie heute kennen, setzten sich wie im Buch bereits ausgeführt unter anderem aus ehemaligen Mudschaheddin zusammen, die in den 80er-Jahren gegen die Russen gekämpft hatten. Sie entstanden 1994, mitten in der Anarchie des Bürgerkriegs. Das Gebiet rund um Kandahar, der zweitgrößten Stadt Afghanistans, war ihre Hochburg. Gleichzeitig ist diese Region eine Hochburg der Paschtunen. Die meisten Taliban sind Paschtunen, die größte ethnische Gruppe Afghanistans. Es gibt einen paschtunischen Verhaltenskodex, den Paschtunwali, der fast alle Bereiche des gesellschaftlichen Lebens wie Gastfreundschaft, Vergeltung, Vergebung, Ehre, Familie und Heirat regelt. Manche Elemente wie etwa der Ältestenrat, die Loya Dschirga, wurden vom afghanischen Staat übernommen.

Die neuen Machthaber wurden und werden vom pakistanischen Inlandsgeheimdienst ISI unterstützt. Mahbouba Seraj sagt mir im Interview: »Die pakistanische Regierung wäre sehr glücklich, wenn der Zweig der Hardliner, das Haqqani-Netzwerk, innerhalb der Taliban das Sagen hätte. Pakistan würde Afghanistan gern als fünfte Provinz einverleiben. Aber bei Gott, ich werde das zu verhindern wissen! Ich schwöre zu Gott, ich schwöre! Das wird der Tag sein, an dem ich auf die Straße gehen werde, das wird der Zeitpunkt sein, wenn ich mein Leben für diesen Kampf opfere!« Die Wut auf Pakistan und die seit Jahrzehnten während Einmischung des gefürchteten pakistanischen Geheimdienstes ISI ist groß innerhalb der afghanischen Bevölkerung. Ich werde in einem späteren Kapitel intensiver darauf eingehen.

Bereits vor dem 15. August hatten die aufständischen Taliban weite Teile des ländlichen Raums in Afghanistan kontrolliert. Ab Mai nahmen sie immer weitere Gebiete ein und besetzten immer mehr Provinzhauptstädte. Sie verfügten mittlerweile über zwischen 60 000 und 70 000 Kämpfer. Die genaue Zahl ist unbekannt. Nach der Einnahme Kabuls am 15. August erklärten sie schließlich Afghanistan zum »Islamischen Emirat« und riefen am 7. September 2021 eine neue Regierung aus. Diese Regierung besteht zu 90 Prozent aus Paschtunen. Innenminister des Emirats ist Siradschuddin Haqqani. Er steht auf der Most-Wanted-Liste der CIA und ist Anführer des gleichnamigen radikalislamischen Netzwerks, das die USA als Terrororganisation einstufen. Auf ihn ist ein Kopfgeld von 10 Millionen Dollar ausgesetzt. In der Taliban-Regierung befinden sich 14 Kabinettsmitglieder auf der Terrorliste des UN-Sicherheitsrats.

Das Kabinett wird dominiert von paschtunischen Stammesangehörigen und setzt sich zu einem großen Teil aus Taliban-Kommandeuren zusammen, die schon zur alten Führungsriege von 1996 gehörten, als die Taliban zum ersten Mal die Macht übernommen hatten. Frauen und andere ethnische Gruppen sind nicht vertreten. Bei der Regierungsverkündung versprach man aber, deren Stimmen noch mit einzubinden. »Wir wollen Frieden«, sagte Zabihullah Mujahid in einer der ersten Pressekonferenzen, »eine inklusive Regierung.« Bisher ist nichts von seinen Versprechungen eingetreten, die übrigens zu den Bedingungen bei den Friedensgesprächen in Doha im September 2020 zählten. Im Gegenteil. Das Kabinett besteht hauptsächlich aus Hardlinern.

Wir stehen vor seiner Tür im dritten Stock des Kulturministeriums in der Hauptstadt. Ich gehe nicht davon aus, dass wir ohne Ankündigung geschweige denn einen Termin ein Interview bekommen. Aber einen Versuch ist es wert. Es stehen Dutzende vor dem Zimmer des Sprechers der Taliban, allesamt Männer. Alle haben sie Probleme, keine die eigentlich der Sprecher einer Regierung lösen sollte und könnte. Man stelle sich vor, man hätte ein Problem mit seinem Nachbarn, Streit um ein Grundstück und taucht vor Steffen Seiberts Büro auf. Wir werden in einen separaten Raum gebracht. Mein Producer kennt einen Mann, der im Vorzimmer des Taliban-Sprechers arbeitet, deshalb werden wir bevorzugt behandelt. Oder weil ich aus Deutschland bin, eine Journalistin aus dem Ausland, die Gutes aus Afghanistan berichten soll, damit die finanzielle Unterstützung des Landes wieder anlaufen kann. Die Taliban warten immer noch auf ihre Anerkennung durch die internationale Gemeinschaft.

In dem Raum, in den wir gebracht werden, sitzt der Zuständige fürs Fernsehen. Ich frage ihn nach dem Gerücht, dass Frauen nicht mehr in Serien und Filmen spielen sollen. Er meint, sie arbeiten daran. Dann sagt er noch zu meinem Begleiter: »Ich kenne Sie, Sie sahen nur etwas anders aus.« Und krault dabei seinen Bart, der auch recht neu aussieht. Er möchte mit seiner Geste wohl signalisieren, dass er weiß, dass auch mein Begleiter früher bartlos war. Man passt sich eben an unter einem diktaturähnlichen Regime. Der Mitarbeiter von Zabihullah Mujahid kommt ins Zimmer, ich lese in seinem Gesicht, dass er eine gute Nachricht zu verkünden hat und stolz darauf ist: Ich dürfe das Interview führen. Jetzt gleich.

Ich sage es gleich: Ergiebig war dieses Gespräch nicht, auch wenn man sich freut, dass man mit einer so zentralen Figur in der Hierarchie der Taliban-Struktur sprechen kann. Doch seine Antworten auf meine Fragen sind mehr als vage. Er betont, dass die neue Regierung Hilfe für den Aufbau Afghanistans benötige. Dass er in Daesh-K keine Gefahr sehen würde: »Wir haben keine Gegner, die uns im Krieg die Stirn bieten könnten. Es sind ja nur wenige, die gegen uns unter dem Namen Daesh-K kämpfen. Einige haben wir bereits gefangen genommen, einige wurden getötet, und gegen den Rest ermitteln wir. Aber sie haben keine Basis in der Bevölkerung.«

Auf einer seiner ersten Pressekonferenzen nach der Machtübernahme äußerte Mujahid, Frauen könnten ihre Rechte wahrnehmen, solange sie mit der Scharia vereinbar seien. De facto bedeutet das, dass sie kaum Rechte haben.

Auf meine wiederholten Nachfragen nach den Frauenrechten antwortet er: »Wir haben viel für die Scharia geopfert, und wir wollen dieses Gesetz auf Afghanistan bezogen umsetzen, wir machen es ja nicht für euch im Westen. Der Westen hat seine Gesetze, aber hier ist Afghanistan. Das ist unser Land, und wir wollen ein Gesetz haben, das auf unserer Kultur und unseren Überzeugungen basiert. Wir wollen, dass die Menschenrechte in diesem Land auf der Scharia gründen. Alle afghanischen Frauen sind Musliminnen und genießen die Rechte, die der Islam ihnen gewährt.«

Die Schulen würden bald wieder auch Schülerinnen offenstehen, versichert mir Mujahid in dem Interview. Und: Die neue Regierung würde für das ganze Land ein einheitliches Programm für weiterführende Schulen erarbeiten.

Ich frage ihn nach der Spaltung innerhalb der Taliban zwischen der radikalen Haqqani-Fraktion und der moderateren Gruppe rund um Abdul Ghani Baradar, den stellvertretenden Regierungschef und Taliban-Mitbegründer. Die sollen nämlich heftig aneinandergeraten sein. Die moderatere Doha-Fraktion, der Kreis um Baradar, hatte bei der Regierungsbildung den Kürzeren gezogen. Mujahid selbst gehört zur Baradar-Fraktion: »Es gibt keinen Unterschied in unseren Überzeugungen, aber die Ansichten sind unterschiedlich. Zwei Menschen können unterschiedlicher Meinung sein, aber gleichzeitig vereint.«

Am Ende will ich von dem Sprecher der Taliban noch wissen, ob er mir garantieren könne, dass Frauen wieder öffentlich Sport machen dürften. Ich komme gerade von einem Interview mit einer ehemaligen Nationalspielerin, die sich im Keller verstecken muss, weil sie von den Taliban gejagt wird. Mujahids kurze Replik: »Wir versuchen es.«

Sobald wir sein Zimmer verlassen, wendet sich sein Mitarbeiter mir zu: Falls ich eine Möglichkeit hätte, ihn und seine Familie außer Landes zu bringen, würde er diese Chance gerne wahrnehmen. Zuvor hatte ich ihm erzählt, dass in Deutschland gerade afghanische Restaurants sehr beliebt sind, alle afghanisches Essen liebten. Er lächelte stolz.

Sie reden mit mir, die Taliban, auf die ich auf meiner Reise treffe. Obwohl ich nicht gerade im Wunschoutfit der Taliban bekleidet bin. Ich trage nur einen locker fallenden Schal um den Kopf. Dass sie mit mir reden, verwundert mich. Sie sind gerade 100 Tage an der Macht. Haben sie sich etwa doch verändert im Vergleich zur Schreckensherrschaft der Taliban vor 20 Jahren?

Ein junger Talib kommt mir entgegen. Er schaut grimmig,

wischt mich schon von Weitem abfällig mit seiner Hand beiseite. ›Weg, weg, weg, ich will dich hier nicht sehen, du dreckige Frau‹, könnte es in einer Sprechblase über seinem Kopf heißen.

Bevor ich ins Auto steige, sehe ich kurz auf mein Handy. Über WhatsApp habe ich mehr als 20 Nachrichten bekommen. In der Zeit, in der ich mit dem Taliban-Sprecher redete, haben mir Afghaninnen und Afghanen Nachrichten mit Bildern geschickt von zusammengeschlagenen Menschen, gestürmten Restaurants, erschossenen Sportlerinnen, verschwundenen und getöteten Polizisten. Sie katapultieren mich zurück in die Realität der Taliban-Herrschaft.

Immer wieder höre ich von Interviewpartnern aus der Zivilgesellschaft: »Natalie, sag es den Politikerinnen und Politikern im Westen: Sie dürfen die Taliban nicht anerkennen, solange diese nicht garantieren, die Menschenrechte, Rechte für Frauen und die Pressefreiheit einzuhalten.«

Eines haben die neuen Machthaber geschafft: Es ist sicherer geworden auf Afghanistans Straßen. Aber es ist schon schizophren, die Taliban dafür zu feiern. Denn diejenigen, die Unsicherheit und Terror gestiftet haben, sind jetzt an der Macht. Bei einem Taliban-Checkpoint in Kandahar komme ich mit einem Soldaten ins Gespräch: »Ich sorge für Sicherheit, wir leisten Sicherheitsdienste für die Bürger. Freitagabend sind wir in den Madrassas, und wenn wir mit unseren Studien dort fertig sind, gehen wir in den Militärschichtdienst«, erzählt er mir. Ob die Sicherheitslage besser geworden sei, möchte ich wissen. »Die Sicherheitslage ist besser denn je. Und das ist unser Verdienst!« Er strahlt vor Stolz.

Doch auch hier lässt die anfängliche Euphorie nach. Von einigen Talibankämpfern höre ich, die ganze Nacht bei eisiger Kälte an einem Checkpoint zu stehen, sei nicht gerade ihr Lebenstraum. Man sei Sieger und fühle sich ein bisschen wie ein Verlierer. Den Feind zu bekämpfen, war aufregender. Jetzt haben sie Verantwortung, und damit kommen so einige noch nicht richtig zurecht. Wer Glück hat, bekommt ein Gehalt von umgerechnet 100 Dollar pro Monat.

Im Westen hört man immer wieder von ›Taliban 2.0‹. Vor Ort erschließt sich mir ein anderes Bild. »Die Taliban-Ideologie von heute ist dieselbe wie in den 90er-Jahren«, sagt mir ein afghanischer Journalistenkollege, der seinen Namen aus Sicherheitsgründen nicht nennen möchte.

Saleh Mohammad, der Direktor der Hamadia Madrassa, zeigt mir voller Stolz den Ausbau der Religionsschule. Heute würde man sie endlich in Ruhe lassen. Das war vorher nicht so. Ständig seien Religionsschulen vom Sicherheitsapparat der Regierung gestürmt worden.

Ich will von ihm wissen, ob es einen Unterschied gibt zwischen der Herrschaft der Taliban in den 90er-Jahren und heute. »Eigentlich nicht«, sagt er, »Menschen verändern sich natürlich im Laufe der Zeit. Sie machen Erfahrungen, aber die Taliban waren vorher nicht extremistisch und sind es jetzt auch nicht. Aus meiner Sicht sind die Taliban aus den 90er-Jahren die Gleichen wie heute. Die Ideologie und das Ziel sind die Gleichen.«

Und welche Rolle die Frauen in der Lehre in seiner Religionsschule einnehmen würden, will ich von ihm wissen. Seine Antwort: »Frauen machen die Hälfte unserer Gesellschaft aus. In Bezug auf Bildung haben sie die gleichen und manchmal mehr Rechte als Männer. Wir versuchen, Frauen im Hijab noch mehr Möglichkeiten im Bildungssektor zu eröffnen. Sie sollen zunächst den Islam in Religionsschulen studieren, um ihre Rechte zu kennen, die Rechte ihrer Kinder und die ihres Mannes. Danach können sie sich im Rahmen der islamischen Lehre anderen Fächern widmen wie Medizin oder Wirtschaft.«

Ich möchte von ihm wissen, wie der islamische Hijab seiner Meinung nach aussehen sollte.

»Aus Sicht der islamischen Lehre gewährleistet der Hijab den nötigen Abstand der Frauen zu fremden Männern und die Reinheit der Gesellschaft. Frauen sollen ihr Gesicht verhüllen.«

Sechs Wochen später, Mitte Januar 2022, als ich gerade an diesem Kapitel schreibe, schickt mir eine Bekannte aus Kabul Bilder von Plakaten, die überall in der Stadt hängen. Darauf die Anweisung der religiösen Sittenpolizei an die Frauen, sich so wie abgebildet zu kleiden: Vollständig verhüllt – auch das Gesicht – im schwarzen Tschador oder in der blauen Burka.

Der Widerstand im Pandschir-Tal ist mittlerweile gebrochen, die Frauenproteste zu Beginn der Machtübernahme sind niedergeschlagen. Ich verfolge einen Bericht über eine Demonstration von rund 30 Afghaninnen in Kabuls Straßen. Sie stellen sich mutig vor die Taliban-Kämpfer und recken ihnen ihre Plakate entgegen. Die Taliban schießen in die Luft, die Frauen rennen weg und rufen sich gegenseitig zu: »Habt keine Angst!« Sie machen sich sogar noch auf der Flucht gegenseitig Mut.

Viele, die in Opposition zu den Taliban gehen wollen, schließen sich Daesh-K an. Der wächst in Afghanistan von Tag zu Tag – auch wenn die Taliban dies nicht zugeben. Die Sicherheit in Afghanistan wird jetzt nicht mehr durch die Taliban bedroht, sondern durch Daesh-K. Um ihnen beizukommen, rekrutiert die Taliban-Regierung ihre eigenen Selbstmordattentäter, die vor Kurzem noch im Kampf gegen die amerikanischen Truppen eingesetzt wurden. Sie sollen jetzt zu einer 150 000 Mann starken Einheit im Kampf gegen Daesh-K aufgebaut werden.

Das heißt, die Taliban sind jetzt die Guten, und man kann mit ihnen zusammenarbeiten? Islamisches Emirat light? Diejenigen, die sich vor ihnen fürchten müssen wie Frauen, Journalisten, Demokraten und religiöse Minderheiten, glauben ihnen kein Wort. Täglich hört man von neuen Verboten und Einschränkungen: Musik hören, Tanzen, all die Verbote für Frauen, das Frauenministerium wurde geschlossen, die Wahlbeobachtungskommission wurde Ende Dezember aufgelöst.

»Sind es nun Taliban 2.0?«, frage ich Samira Hadidi, Aktivistin und Afghanistan-Expertin. Sie arbeitet seit Jahren für Amnesty International. »Ich traue ihnen nicht, aus mehreren Gründen«, erwidert sie. »Mädchen ist ab der sechsten Klasse nicht erlaubt, die Schule zu besuchen. Die Taliban drücken der Gesellschaft ihren konservativen Islam auf. Ihre militanten Ansichten sehen keinen Platz für Frauen in der Gesellschaft. Zabihullah Mujahid behauptet, die Frauen würden im Rahmen der Scharia ihre Rechte bekommen. Was sind das für Rechte? Welche Scharia meint er? Die Scharia, die in anderen islamischen Ländern den Frauen durchaus gewährt, in Filmen als Schauspielerin mitzuspielen, die ihnen erlaubt, zur Arbeit zu gehen, zur Wahl und am gesellschaftlichen Leben teilzunehmen? In denen sie Musikerinnen sind, Künstlerinnen? Welche Scharia meint er denn? Wohl eher eine ›Taliban-made Scharia‹. Er möchte die internationale Staatengemeinschaft zum Narren halten, ihnen verkaufen, dass sie sich verändert haben, moderater geworden sind, Frauenrechte akzeptieren. Ich traue den Taliban nicht. Sie haben sich nicht geändert. Sie haben einfach nur noch keine internationale Anerkennung erhalten und keinen Zugang zu den eingefrorenen Geldern. Wenn sie das bekommen, werden sie noch am selben Tag ihr wahres Gesicht zeigen. Wir hatten und haben davor Angst. Und wir haben es vorhergesagt, vor Jahren. Und davor gewarnt.«

Das erste Emirat von 1996 bis 2001 ist in den Köpfen noch stark verankert. Die brutale Umsetzung der Scharia mit öffentlichen Hinrichtungen, Auspeitschungen oder Amputationen ist bisher ausgeblieben. Dennoch traut man dem Frieden nicht. Ein Kollege der WELT sprach mit dem Direktor der orthopädischen Klinik des Internationalen Komitees vom Roten Kreuz in Kabul. Alberto Cairo stellt sich auf Amputationen ein. Für das kommende Jahresbudget hat der Direktor zusätzliche Handprothesen eingeplant.

Samira Hadidi traut dem Frieden nicht: »Ich würde sogar sagen, sie sind radikaler als vor 20 Jahren, vor allem gegenüber Frauen. Und das Schlimme: Sie haben Sympathisanten und Unterstützer auf der ganzen Welt, über die sozialen Medien folgen ihnen Hunderttausende.« Täglich erzählen mir Afghaninnen und Afghanen, wie Menschen, die westliche Kleidung tragen, verprügelt werden. Bärte müssen jetzt lang sein, Musikinstrumente werden zerstört, Hochzeitsgesellschaften gestürmt, Frauenstimmen im Radio verboten. Und Schauspielerinnen dürfen nicht mehr auftreten.

Die junge Generation Afghanistans – mehr als 60 Prozent sind jünger als 25 – kann sich zwar nicht mehr an das erste Emirat erinnern, doch wohl an die Anschläge der Taliban in den letzten 20 Jahren. Sie trafen nicht nur die inter nationalen Truppen, sondern auch die Zivilbevölkerung. Besonders 2017 war ein schlimmes Jahr. Ein Bericht von »Human Rights Watch« zählt allein für dieses Jahr 1574 Tote und 2811 Verwundete.

Jetzt haben die Taliban nicht nur die Macht übernommen, sie haben auch den Informationskrieg gewonnen. Als die Taliban das letzte Mal in Afghanistan regierten, gab es noch kein Facebook. Seit 2015 sind die Taliban bei WhatsApp und Telegram. 2017 haben sie angefangen, Propaganda-Videos nach dem Vorbild der Terror-Organisation Islamischer Staat zu veröffentlichen. Über Social-Media-Plattformen checken sie auch, welche Afghanen die USA oder den Westen in der Vergangenheit unterstützt haben. Selbst ein Auslandssemester ist in den Augen der Taliban nicht akzeptabel, genauso wenig Freundschaften mit Leuten in den USA oder Europa. Auch wenn die Taliban noch nicht digitale Professionalität erreicht haben, sind sie durchaus in der Lage, Facebook & Co. für massenhafte Verfolgung zu nutzen. Und das wird mir täglich von Menschen aus Afghanistan berichtet.

Vor diesem Hintergrund sollte man sich hüten, angesichts ihres moderneren Auftretens und ihrer digitalen Präsenz von Taliban 2.0 zu sprechen. Der Machtapparat der neuen Taliban-Regierung formiert sich aus den alten Kadern der Schreckensherrschaft bis 2001: mitunter international gesuchten Terroristen und religiösen Fanatikern. Aber die Taliban haben dazugelernt. In den letzten 20 Jahren sammelten sie durch ihren Kampf gegen die Besatzungsmächte und Regierungstruppen enorme militärische Erfahrungen. Und sie wissen, wie sie sich präsentieren müssen – auf der internationalen Bühne und in den sozialen Medien –, um an ihre Ziele zu gelangen. Welche das im Einzelnen sind, ist selbst für Ahmed Rashid, einen der erfahrensten Taliban-Experten, noch nicht zu beantworten. In einem Interview sagt er mir: »Natalie, du wirst in deinem Buch auf folgende Fragen zum jetzigen Zeitpunkt keine Antworten finden: Welches politische System wollen sie etablieren? Sie sagten, sie würden das Volk beteiligen, aber wie werden sie das tun? Durch Wahlen? Oder über die Loya Dschirga? Oder doch Diktatur? Das wissen wir einfach nicht.«

Fest steht aber eines: Die Ideologie der Taliban hat sich im Kern seit 1996 nicht geändert. Sie ist islamistisch und von einem segretativen Stammesdenken geprägt. Rashid zieht daraus folgendes Fazit: »Die Frage ist: Kann mit einer solchen Ideologie ein Staat geführt werden? Die Antwort ist definitiv: Nein!«

15 Afghanistans unsicherste Straße

Habe ich schon erwähnt, dass ich kaum eine Nacht schlafe, seit ich in Afghanistan gelandet bin? Weil ich ständig von Gewehrsalven auf der Straße aufschrecke; das war bereits in Kabul so, jetzt in Kandahar höre ich wieder jede Nacht Schüsse. Am Morgen frage ich meinen Producer, ob er sie nicht gehört hat. Nein. Er findet, es sei sowieso viel ruhiger in der Nacht als vor der Machtübernahme der Taliban im August. Zum einen wird mir das von vielen bestätigt, zum anderen hat er sich vermutlich an die Geräusche gewöhnt im Laufe der Jahre. Außerdem würden die Menschen bei Hochzeiten auch Feuerwerk in die Luft schießen.

Es ist noch stockdunkel, als wir aufbrechen. Ich habe mir eine Thermoskanne vom Hotel mitgenommen, voll mit Tee. Es gibt grünen und schwarzen Tee in Afghanistan. Mehr grün als schwarz, mit der Intensität des schwarzen kann ich mich hier nicht besonders anfreunden. Er ist viel zu schwach. Wir packen alles ins Auto und fahren los. Es war tatsächlich das Feuerwerk einer Hochzeitsfeier. Als wir aus der engen Gasse auf die Hauptstraße abbiegen, fahren wir an einem langsam laufenden Zug von Frauen vorbei. Ihre Burkas glitzern im Dunkel der Nacht. Nicht der übliche mattblaue Stoff, den wir auch im Westen mittlerweile aus den Medien kennen, sondern edel, mit Pailletten und Glitzersteinchen versehen. Hochzeit ist Hochzeit, denke ich mir und muss schmunzeln; auch in einem islamischen Emirat macht man sich natürlich schön. Was für ein anmaßender westlicher Gedanke von mir, das infrage zu stellen.

Wir haben vor, auf der ehemals gefährlichsten Straße Afghanistans, der Ring Road, zurück nach Kabul zu fahren. Deshalb auch der Tee (habe ich schon erwähnt, dass ich teesüchtig bin?). Ich weiß nicht, ob wir auf der Strecke einen Stopp einlegen können. Es heißt, man könne auf ihr wieder fahren: einer ringförmigen Verbindung von Fernstraßen, die viele und vor allem die größten afghanischen Städte miteinander verbindet. 2200 Kilometer lang. Unsere Strecke wird mit 491 Kilometern angezeigt und von Google Maps mit 9 Stunden und 43 Minuten berechnet. Der Abschnitt wird Highway Number One genannt. Als der damalige Präsident Karzai die Straße 2003 einweihte, sagte er in einem Interview, dass dies einer der besten Tage seines Lebens war. Er wusste, wie wichtig diese Verbindungsstraße nach Kabul ist. Er kommt schließlich aus Kandahar. Der Highway stand als Symbol für die rasante Entwicklung in Afghanistan, die Modernisierung, den Aufbau nach 2001. Kurze Zeit später wurde Highway Number One zum Symbol für das Scheitern in Afghanistan. Es war schon damals erkennbar: Das Projekt Afghanistan war nicht geglückt. Und die Straße nicht befahrbar. Bis heute.

In den Straßenbau flossen nach dem Militär die zweitmeisten internationalen Finanzhilfen. NATO-Generäle dachten, sie könnten so die Gunst der Bevölkerung gewinnen. Aber die Flut an Bargeld – mehr als 4 Milliarden Dollar – beförderte auch hier wieder Korruption. Straßenbauer vergaben ihre Arbeit an Subunternehmer und schöpften so viel wie möglich ab. Die daraus entstandenen Autobahnen waren von schlechter Qualität und brachen schnell zusammen, nicht nur aufgrund von Explosionen, sondern auch aufgrund alltäglicher und vorhersehbarer Probleme wie Überschwemmungen und Schwerlastverkehr. Auf der gesamten Fahrt werden wir weitere gescheiterte Entwicklungsprojekte sehen, die die Straße säumen, darunter mehrere Umspannwerke, komplett mit Masten, aber ohne Stromkabel.

Es ist stockdunkel. Keine Leitplanken. Gegenverkehr gibt es auch nicht. Noch nicht. Wir fahren recht schnell, finde ich. Zum Glück muss der Fahrer wegen der Schlaglöcher immer wieder abbremsen. Er kennt die Strecke. Als ehemaliger Polizist musste er hier patrouillieren. Ein gefährlicher Job, den viele seiner Kollegen mit dem Leben bezahlt haben.

Langsam setzt die Morgendämmerung ein. Der katastrophale Zustand der Straße kommt immer deutlicher zum Vorschein. Gesprengte Brücken, eine Straße, auf der man keinen Kilometer zurücklegen kann, ohne den nächsten Krater oder Riss umfahren zu müssen. Auf dieser Straße, erzählt mir der Fahrer, hatten die Taliban das Kommando, fast zwei Jahrzehnte. Befahren wurde sie auch von gepanzerten Militärfahrzeugen, afghanischen, kanadischen, amerikanischen, und von gepanzerten Regierungswagen. Auf die hatten es die Taliban besonders abgesehen. Sie versteckten sich am Straßenrand und zündeten IEDs, Improvised Explosive Devices, sobald ein Fahrzeug über die selbst gebauten Bomben fuhr. Ganze Militärkonvois wurden so in die Luft gesprengt. USBV heißt die deutsche Abkürzung: Unkonventionelle Spreng- oder Brandvorrichtung. 2003 wurden in Afghanistan 81 Anschläge mit solchen Sprengsätzen registriert, 2009 bereits 7228.

Oberstleutnant Helmut Heck, zuständig für das Informationszentrum Counter IED, sagte 2010 bei der Eröffnung des Zentrums in Bonn: »Die Taliban haben natürlich den großen Vorteil, dass sie uns in vielen Bereichen aufzwingen können, wann und wo sie uns mit einem IED tatsächlich angreifen wollen, so dass wir vom Prinzip her immer und überall mit einem IED-Anschlag rechnen müssen.«

Ich frage einen Ex-Bundeswehrsoldaten, der lange im Afghanistan-Einsatz war, was er empfand, wenn er auf dieser gefährlichsten Straße Afghanistans fahren musste. Er schreibt mir, dass er es hasste. Sie saßen zwar in gepanzerten Fahrzeugen, waren aber jedes Mal innerhalb von Minuten klatschnass, wegen der Hitze und Anspannung. Noch heute achte er auf jede Mülltüte, die auf der Straße liegt, lange nach seiner Zeit in Afghanistan und in Sicherheit in Deutschland lebend. Und auch bei Schnellkochtöpfen hat er sofort die Bauanleitung von IEDs vor seinen Augen. »Wer suchet, der findet. Wer drauftritt, verschwindet«, schreibt er noch. Das war offenbar ein gängiger Slogan unter Bundeswehr-Soldaten in Afghanistan. Die Taliban waren und sind nicht nur verhasst. Schon während ihrer ersten Herrschaft waren sie bei großen Teilen der paschtunischen Bevölkerung gut angesehen. Zum einen, weil die Taliban eben Paschtunen sind, zum anderen, weil sie für Sicherheit und Ordnung sorgten – meist unbarmherzig und brutal. Dann kamen 20 Jahre, in denen Unsicherheit und Terror herrschten. Die Truppen der internationalen Staatengemeinschaft schafften es trotz ihrer modernen militärischen Ausrüstung nicht, für Sicherheit zu sorgen. Und so paradox es erscheinen mag: Diejenigen, die für diesen Terror auf den Straßen sorgten, werden jetzt dafür gefeiert, dass sie ihn beendeten.

Inzwischen scheint die Sonne. Unsere Strecke führt durch vier Provinzen: Kandahar, Zabul, Ghazni, Wardak. Alle liegen entlang der Ring Road. Gerade Wardak war als gefährlichste Region Afghanistans berüchtigt. Ich sehe an den Straßenrändern immer mehr Solaranlagen, mehr als in Deutschland, so mein Eindruck. Das hätte ich nicht gedacht. Ich möchte mit den Menschen sprechen, die sie aufgestellt haben, ihren Strom damit erzeugen. Wir halten. Drei Bauern arbeiten gerade auf dem Feld. Mitten im Feld stehen Solarmodule: Eins, zwei, drei Module zähle ich. »Was machen Sie mit diesen Solaranlagen?«, frage ich sie.

»Wir erzeugen damit Strom für unsere Wasserpumpen. Die stehen gleich hinter den Modulen. Sie pumpen Grundwasser, mit dem wir unsere Trauben bewässern. Das machen wir seit fast 20 Jahren schon.« Ich staune, die Bauern mitten in der Provinz in Afghanistan scheinen schon weiter zu sein als wir in Deutschland. Sie wirken zumindest sehr routiniert bei der Stromerzeugung durch erneuerbare Energien. Sie haben die Solarzellen in Kandahar gekauft.

»Seitdem wir diese Module haben, ist unser Leben so viel einfacher geworden. Hier gab es kein Wasser, es herrschte absolute Dürre. Seit wir mit dem Strom Wasser holen, haben wir immer Wasser«, sagen sie und strahlen mich dabei an.

Sie haben sich richtig Mühe gegeben mit ihrem kleinen Solarpark. Die Module stammen alle von unterschiedlichen Herstellern. Bunt durcheinandergewürfelte Modultypen. Vermutlich waren sie schon gebraucht, als sie sie kauften. Ich zeige die Bilder der Anlagen einem Freund, es ist sein Fachgebiet. Er meint, die Module seien nicht gereinigt. Wären sie das, könnten sie zehn Prozent mehr Leistung liefern. Ansonsten, sagt mein Freund, seien die Module in einem ganz guten Zustand und würden den Bauern sicher noch die nächsten 20, 30 Jahre Strom liefern. Das muss ich den Bauern unbedingt sagen, ist mein erster Gedanke.

Den Bauern ist es egal, wer ihnen Sicherheit gewährleistet. Hauptsache, sie haben sie: »Wir haben keine guten Erinnerungen an die Zeit, als hier auf unseren Feldern viele Kämpfe stattfanden, wir uns jeden Tag versteckten und nicht arbeiten konnten. Jetzt haben wir keinen Krieg und können unsere Arbeit verrichten. Wir sind glücklich über unser neues Leben, wir hatten vorher so viele Probleme.«

Wir fahren weiter. Wir haben gerade mal ein Drittel der Strecke geschafft, da platzt der Vorderreifen. Der Fahrer wechselt den Reifen und fährt munter weiter, an der nächsten Tankstelle vorbei. Nach ungefähr 60 Kilometern denke ich, es ist Zeit, den Fahrer daran zu erinnern, dass wir nun keinen Ersatzreifen mehr hätten, und einen zu besorgen, vielleicht ganz sinnvoll wäre bei der Straßenqualität. An der nächsten Autowerkstatt halten wir. »Autowerkstatt« ist etwas euphemistisch ausgedrückt. Im Staub auf dem Boden liegen eine Felge und ein Presslufthammer. Fünf Männer scheinen hier zu arbeiten, haben aber offensichtlich nichts zu tun. Einer schießt mit einem Luftgewehr auf imaginäre Vögel. Ich frage ihn, wie es jetzt sei, hier zu leben, seit die Taliban an der Macht sind.

»Vor dem Krieg war ich ein Talib, und jetzt sind nur noch meine Brüder bei den Taliban, ich nicht mehr. Ich möchte wissen, warum er sich nicht den Leuten anschließt, die jetzt an der Macht sind. Der ehemalige Talib antwortet: »Ich kümmere mich um meinen Laden und mein Geschäft. Ich bin froh, Talib gewesen zu sein, aber unsere finanzielle Situation ist nicht gut. Jemand muss den Laden am Laufen halten.«

Wenn alle genug Geld hätten, gäbe es dann keine Taliban, möchte ich von ihm wissen. Er antwortet: »Wir brauchen die Taliban, weil das vorherige Regime viele schlimme Dinge getan hat. Und es gab Diebe, Schläger, illegalen Sex. Die Taliban haben das alles eliminiert. Vorher waren die Polizeiposten so schlimm, dass wir nicht einmal zu unseren Geschäften kommen konnten. Sie kassierten auf der Autobahn Geld von uns. Wir brauchen die Taliban. Sie sorgen für unsere Sicherheit.«

Sicherheit, ein Grundpfeiler im Leben. Egal, ob in Afghanistan oder in Deutschland. Wir in Deutschland wissen gar nicht, wie es sich anfühlt, keine Sicherheit zu haben.

Auf dieser Reise bietet sich mir ein ganz anderes Bild als in den Städten. Genau das wollte ich: eine Perspektive jenseits der gängigen westlichen Wahrnehmung. Ich begegne vielen, die die Taliban nicht als Feind betrachten. Der Feind war für viele das Ausland, die internationale Staatengemeinschaft mit ihren Truppen, die in gepanzerten Militärfahrzeugen durch das Land fuhren, um die Taliban zu bekämpfen. Mit dem Ergebnis: keine Sicherheit.

Aber: Die Phase der Sicherheit ist nur eine »Atempause«. So bezeichnet sie Afghanistan-Experte Thomas Ruttig. Und sie verfliege allmählich. Die Kriminalität nimmt wieder zu. Nach wie vor nehmen Taliban-Kämpfer immer wieder willkürlich das Recht in die eigene Hand, konfiszieren fremdes Eigentum und verbreiten Angst in der Bevölkerung. Kriminelle geben sich als Taliban aus, bewaffnen sich und beschlagnahmen Häuser und Autos.

Am Ende meiner Reise auf der Rind Road chatte ich mit einem Kollegen, der vorhat, von Kabul bis nach Herat auf genau dieser Straße zu fahren. Ich bin ein bisschen neidisch, schreibe ich ihm, würde auch gerne der Route weiter gen Westen folgen. Er schreibt zurück: Kein Neid nötig, meldet mein Rücken an deinen Rücken. Da hat er recht.

16 Der Kampf der Frauen

Baharah humpelt auf mich zu. Sie humpelt erst seit ein paar Wochen. Seit sie sich bei einem Sturz verletzt hat. Sie ist Leistungssportlerin. Trat für das Rennrad-Nationalteam Afghanistans bei internationalen Sportwettkämpfen an. Ich frage sie, ob ich das Gespräch auch filmen darf. Sie stimmt zu. Bis zum 15. August hat sie jeden Tag trainiert. Dann kamen diejenigen an die Macht, die den Frauen Sport verbieten. Baharah würde sterben für ihre große Liebe, das Radfahren. Sie kann nicht ohne, erzählt sie mir. Sie dachte sich Folgendes aus: »Es war der 1. oder 2. November. »Ich wollte so gerne weitertrainieren. Ich habe also Männerkleidung angezogen und mir das Fahrrad meines Bruders genommen. Als ich gemerkt habe, dass es funktioniert und mich niemand als Frau erkennt, bin ich eine Woche später wieder losgefahren, wieder in Männerkleidung. Auf diese Weise, dachte ich, könnte ich zumindest einmal pro Woche mein Training fortsetzen. Als ich also wieder losfuhr, fiel mir kurz vor einem Checkpoint der Taliban mein Schal, den ich vor mein Gesicht gebunden hatte, herunter. Sie haben sofort gemerkt, dass ich eine Frau bin. Sie rannten hinter mir her und schrien, ich solle anhalten. Ich habe noch kräftiger in die Pedale getreten und bin in eine Menschenmenge gerast, ich konnte nicht mehr bremsen. Dabei wurde ich schwer verletzt. Seitdem kann ich mein geheimes Training nicht mehr fortsetzen.« Baharah musste notoperiert werden.

Nicht nur Baharah erzählt mir, dass es immer mehr Kommandotrupps der Taliban gibt, die von Tür zu Tür gehen und Frauen suchen, die mit dem Westen zusammengearbeitet und es nicht geschafft haben, rauszukommen. Oder die in der Öffentlichkeit standen wie Baharah. Wenn Baharah von einer Nummer angerufen wird, die sie nicht kennt, nimmt sie nicht ab. Sie hat gerade von zwei Sportlerinnen gehört, eine Futsal-Spielerin und eine Volleyballspielerin, die genau durch so einen Anruf an einen Ort gelockt und dann umgebracht wurden. Sie schickt mir die Nachrichtenmeldung darüber nach unserem Gespräch per WhatsApp. Nachdem ich sie gelesen habe, löscht sie sie aus unserem Chatverlauf. Seit die Taliban die Straßen kontrollieren und überall zu dritt, viert, fünft und sechst mit US-Waffen, Helmen und Handschellen ausgestattet stehen, verlangen sie auch nach Handys und checken Chatverläufe. Wenn sie sich mit einer Sache gut auskennen, dann mit Handys, erzählt mir ein Bekannter in Kabul. Sie hatten genug Zeit, sich die letzten Jahre damit zu beschäftigen, abgeschnitten von der Welt, in den Bergen lebend. Sie hatten nichts außer das Internet, deshalb beherrschen sie es so gut.

Wer es sich leisten kann, der hat zwei Handys. Ein »sauberes« für die Taliban-Kontrollen und eines, das man versteckt. Viele nehmen ihr Handy auch nicht mehr mit auf die Straße, erzählt mir der Bekannte.

»Wir sitzen von morgens bis abends im Zimmer und checken das Internet und die Nachrichten, wie wir das Land verlassen können«, erzählt mir Baharah, und ihre Tränen fließen. »Ich liebe meine Heimat, ich hatte in der Vergangenheit schon mehrere Möglichkeiten, in ein anderes Land zu gehen oder nach einem Wettbewerb dort zu bleiben. Ich wollte es nicht. Ich bin jedes Mal zurückgekehrt. Ich liebte mein Land und liebe es. Ich würde es niemals verlassen, wäre es kein Gefängnis«, sagt mir Baharah zum Abschied noch. Wie sie das Land verlassen soll, weiß sie nicht. Sie wartet auf Hilfe aus Deutschland oder einem anderen Land.

Wie Zehntausende andere. Es werden von Tag zu Tag mehr, die von den Taliban gejagt und bedroht werden. Und nicht nur die Taliban bedrohen Frauen. Viele Männer in der patriarchalischen, konservativen und oft archaischen Gesellschaft fühlen sich durch die Taliban berechtigt, Frauen einzuschüchtern. Vor allem selbstständige Frauen, die studieren oder andere Frauen ermutigen, ihre Rechte wahrzunehmen. »Denn die Unterdrückung in Afghanistan beginnt schon in der Familie«, erzählt mir eine Dozentin der Universität Kabul, der wichtigsten Universität des Landes. Seit August darf sie die Uni nicht mehr betreten. Von den 25 000 Studierenden sind 43 Prozent Studentinnen gewesen. Sie vermisst das Leben auf dem Campus, dort war sie frei. Hier nahmen alle gesellschaftlichen Bewegungen ihren Anfang, die Universität war das geistige Zentrum des Landes. Und jetzt?

Gerade in paschtunischen Familien denkt man sehr konservativ und möchte Frauen nicht in der Öffentlichkeit sehen, schon gar nicht selbstbewusst. Hatten die Frauen bis zum 15. August noch Rückendeckung durch Gesetze der Regierung und die Präsenz der internationalen Staatengemeinschaft, sind sie jetzt allein. Das hat den konservativen Männern Aufwind verliehen. Die Dozentin ist Anfang 30. Nicht verheiratet. Sie hat gegen den Willen ihrer Familie studiert. Und anderen jungen Frauen Mut gemacht. »Ich sagte ihnen, dass sie den Kampf in der Familie beginnen müssen. Keiner darf ihnen ihr Recht verwehren. Ich sagte, sie sollten in der Familie beginnen, damit sie später in der Gesellschaft ihre Rechte verteidigen können und man sie nicht unterdrückt. Die meisten Frauen kennen ihre Rechte nicht. Viele Frauen sind Analphabetinnen. Ich bekomme jetzt Nachrichten, in denen man mir vorwirft, junge Frauen aufzuhetzen, sie vom ›Weg‹ abzubringen. Ich kann Ihnen diese Nachrichten zeigen.«

Sie ist 2012 nach Russland gegangen und hat dort ihren Master gemacht. »Obwohl ich viele Probleme hatte. In unserem Volksstamm ist es nicht erlaubt, dass ein Mädchen allein in ein europäisches oder asiatisches Land reist, um dort zu studieren. Ich habe viel gekämpft, bis ich meine Familie davon überzeugen konnte. Schon damals erreichten mich Drohnachrichten von Männern aus der Provinz Wardak, aus der meine Familie stammt. Diese Männer waren bei den Taliban, aber damals konnten sie mir in Kabul nichts anhaben. In den Städten mussten sie ja mit ihrer eigenen Verhaftung rechnen. Sie sagten, ich sei für sie eine Schande. Jetzt haben diese Männer die Macht übernommen. Mein Leben ist in Gefahr, deshalb mussten wir unseren Wohnort wechseln. Sie haben wieder meine Nummer herausgefunden und schicken mir alle zwei bis drei Tage Nachrichten, sie würden mich umbringen. Ich hätte Schande über unseren Volksstamm gebracht, weil ich nach Russland gegangen war, um dort zu studieren. Ich habe die Nachrichten noch. Die haben Leute aus unserem Stamm geschickt. Wir wechselten erneut den Wohnort. Ich verstecke mich nur noch und verlasse das Haus ganz selten. Und wenn ich rausgehe, bedecke ich mich vollständig, wie man es in dieser Gegend macht, so dass sie mich nicht erkennen. Ich stelle mich auch niemandem – auch nicht den Nachbarn – vor, weil mein Leben und das Leben meiner Familie meinetwegen in Gefahr sind. Diese Leute können sich jetzt in Kabul frei bewegen, und ich habe Angst vor ihnen, ich habe wirklich Angst. Ich habe nicht einmal zwei Nächte geschlafen seit der Machtübernahme der Taliban. Ich bin sehr unruhig und weiß nicht, was passiert. Wie lange kann ich mich verstecken? Sie finden mich eines Tages.«

»Nicht mit mir! Auf keinen Fall werde ich mein Land verlassen, das ist mein Land!«, sagt mir Mahbouba Seraj. Die Taliban müssten sich an die Anwesenheit und Existenz von Frauen endlich gewöhnen. Sie schicke ihre Töchter und Enkelinnen ständig auf die Straße, damit Frauen im Straßenbild bleiben. Ermutigt sie, sich nicht einschüchtern zu lassen.

Im Moment sieht es für mich sehr leer aus, ich sehe wenige Frauen auf den Straßen, in Kabul immer noch mehr als in Kandahar oder in der Provinz Zabol. In Kabul kleben Plakate an Schaufenstern, auf denen die Sittenpolizei die Frauen anweist, den Hijab richtig zu tragen. In Kandahar bewegen sich Frauen ausschließlich in einer Burka auf der Straße, der Ganzkörperverschleierung, bei der man auch das Gesicht nicht mehr sieht. Mein Mitarbeiter scherzt, dass ich in meinem Outfit mit Kopftuch, schwarzer Maske und wadenlangem Mantel eine Provokation für die Taliban darstelle. Getraut haben sie sich nicht, mich zurechtzuweisen. Wäre ich eine Afghanin, könnte ich davon sicher ausgehen, wird mir gesagt.

In der südlichen Provinz Zabol sehe ich keine einzige Frau im Straßenbild. Nicht auf der Straße, nicht auf dem Markt, nicht vor dem Haus. In Kabul trugen die Frauen und jungen Mädchen kurz nach der Eroberung der Taliban das Kopftuch meist noch locker über ihrem Haar, der Mantel war nicht allzu lang – und eng. So »freizügig« gekleidet habe ich überhaupt keine Frau mehr gesehen. Die Selbstzensur hat begonnen. Zum Selbstschutz. Zu Beginn gab es noch Proteste von Frauen in Kabul. Die wurden niedergeschlagen, Journalisten durften darüber nicht berichten. Überhaupt gibt es keine freie Berichterstattung mehr. Eine der wenigen Errungenschaften aus 20 Jahren »Nation-Building« ist obsolet geworden.

Mahbouba Seraj bleibt. Auch wenn sie das letzte Mal in einer ausländischen Fernsehsendung, zu der man sie aus Kabul geschaltet hatte, in Tränen ausbrach, nachdem sie im Studio all ihre Mitstreiterinnen sitzen sah, die allesamt geflohen waren. Sie ziehen jetzt von einer westlichen Fernsehsendung zur nächsten und sprechen über die Rechte der afghanischen Frauen, die ihnen die frauenfeindlichen radikalislamischen Taliban genommen haben. »I miss my warriors«, sagt mir Mahbouba. »Und ich sagte meinen Warrior-Schwestern live im Fernsehen: ›Wann immer ihr könnt, bitte kommt zurück! Das Land zu verlassen, ist keine Lösung. Der Braindrain ist verheerend für das Land.‹«

Sie richtet sich wieder auf, blickt mich durchdringend an und sagt: »Ich sage zu den Taliban: ›Ihr wollt Afghanistan, ICH will Afghanistan, und es gibt viele von uns, die Afghanistan wollen. Dann lasst uns doch FÜR Afghanistan arbeiten.«

Laut einem Bericht des UNDP (United Nations Development Programme) von Dezember 2021 könnte der Schritt, Frauen von der Erwerbstätigkeit abzuhalten, die afghanische

Wirtschaft bis zu einer Milliarde US-Dollar jährlich kosten. Ob man die Taliban nicht darauf hinweisen sollte, wenn sie sich an die internationale Staatengemeinschaft wenden, um einen Kollaps des Landes zu verhindern? Frauen machen 20 Prozent der Erwerbstätigen des Landes aus. Die Aussage von UNDP-Chef Abdallah al-Dardari dürfte den Taliban nicht gefallen: »Unsere ersten Ergebnisse zeigen, dass der Beitrag gebildeter Frauen zur afghanischen Produktivität höher ist als der von Männern mit gleichem Bildungsstand.«

Seraj spricht regelmäßig mit den Taliban. Letztens traf sie sich mit dem Sprecher der Taliban, Zabihullah Mujahid. Sie sagte ihm: »Lass uns miteinander sprechen.« Bis jetzt sieht es nicht danach aus, dass die Taliban dies vorhaben. Sie sollten es sich gut überlegen, denn mehr als ein Viertel der 400 000 Staatsbediensteten waren Frauen, 89 der 352 Abgeordneten im letzten Parlament waren Frauen, es gab 13 Ministerinnen und stellvertretende Ministerinnen. Im neuen Parlament, das die Taliban im September bekannt gaben, befinden sich 53 Abgeordnete, darunter keine einzige Frau, auch nicht im Kabinett.

»Was wollt ihr machen?«, fragt mich Mahbouba Seraj und meint damit die Taliban: »Lasst es uns angehen. Ihr könnt uns 19 Millionen Frauen, die wir hier nun mal sind, nicht loswerden. Was wollt ihr machen? Uns alle töten? Unsere Köpfe abschneiden, uns ins Gefängnis stecken? Uns wegsperren? Das wird nicht passieren! Wir sind nicht mehr die Frauen von vor 20 Jahren. Zweifellos geht es den Frauen im Moment sehr schlecht, sie sind in einer entsetzlichen Lage, aber gleichzeitig hoffe ich, dass es nicht so bleibt. Die Taliban haben viel versprochen, ich hoffe, sie halten ihre Versprechen.« – »Glauben Sie ihnen?«, frage ich die Frauenrechtlerin. »Ich muss es. Afghanistan und die Zukunft der Frauen Afghanistans sind nicht voneinander zu trennen.«

Ich habe schon sehr viele Interviews geführt. Als Mahbouba Seraj sprach, bekam ich immer wieder Gänsehaut. Am Schluss liefen nicht nur mir Tränen übers Gesicht, sondern auch meinem Producer. Einem gestandenen Paschtunen, der sich seit August fragt, ob er mit seiner jungen Tochter und seiner Ehefrau das Land verlassen soll oder bleiben, für sein Land.

Ich treffe Wazhma in der Wohnung ihrer Verwandten am Stadtrand Kabuls. In ihrer eigenen kann sie nicht mehr bleiben. Sie hat sich hier versteckt, mit ihrem Ehemann und ihrer zweijährigen Tochter. Die Taliban haben ihr bereits mehrere Drohbriefe geschickt. Sie hat sich eingesetzt für Frauenrechte, hat Frauen, die häusliche Gewalt erlitten haben, geholfen, sie in Safe Houses gebracht. Das war ihr Job. Den hat sie jetzt verloren. Es gibt keine Safe Houses mehr für Frauen, kein Frauenministerium, das sich für solche gesicherten Orte für Frauen einsetzt. »Früher gab es die Freiheit, sorglos auf die Straße zu gehen. Wir mussten keine Angst haben, angehalten und für die Art und Weise bestraft zu werden, wie wir angezogen waren. Keiner fragte uns, wohin wir gehen und wer uns begleitet. Vor der Machtergreifung durch die Taliban hatten wir diese Freiheiten. Wir konnten uns anziehen, was wir wollten, und rausgehen, alleine oder mit wem wir wollten. Jetzt ist es anders. Was uns gleich nach dem Sieg der Taliban auffiel: Die Menschen kleideten sich plötzlich ganz anders. Im Vergleich zu früher trägt man keine Jeans mehr. Alle tragen Schwarz, die Frauen verhüllen sich ganz in langen Mänteln. Ich sehe sowieso kaum noch Frauen auf der Straße.

Der Anteil der Frauen im Berufsleben ist sehr gering geworden. Alles ist wieder männlich dominiert. Vor wenigen Tagen haben die Taliban in Masar-e Scharif vier Frauen erschossen, Frauenrechts-Aktivistinnen. Die Leichen haben sie in einer kleinen Stadt in eine Grube geworfen. Gestern wurden die Leichen gefunden. Das passt nicht zu dem Bild, das sie dem Ausland gegenüber vermitteln. Wir haben alle Angst, dass die Taliban nur deshalb nach außen moderater auftreten als früher, weil sie international anerkannt werden wollen und weil sie hoffen, Zugang zu den eingefrorenen Geldern zu bekommen – und zu internationalen Hilfszahlungen.

Im Verborgenen machen die Taliban, was sie wollen. Wie Sie sehen, hindern Sie Mädchen daran, zur Schule zu gehen. Die Universitäten sind noch geschlossen. Bisher konnte kein Mädchen ab der 7. Klasse und höher den Unterricht besuchen. Auch die Lehrerinnen der 7. Klasse und höher gehen nicht mehr zur Arbeit. Die Taliban versuchen, die Gesellschaft in Frauen und Männer zu trennen. Sie wollen, dass das Berufsleben von Frauen und Männern getrennt ist. Leider denken sie – wahrscheinlich wegen ihrer eigenen sexuellen Komplexe –, wenn Frauen und Männer in einem Raum arbeiten oder studieren, würden sie mit Sicherheit miteinander unerlaubte sexuelle Beziehungen eingehen. Es ist natürlich nicht so. Trotzdem haben sie aus diesem Grund viele Frauen entlassen. Wie ich hörte, versuchen einige Ministerien, Trennwände für Büros zu beschaffen, um dann einen Teil der Frauen wieder arbeiten zu lassen. Auch wenn die Taliban sagen, dass alle zur Arbeit zurückdürfen, werden wir Frauen immer noch Angst haben. Vor einigen Tagen hat beispielsweise die Staatsanwaltschaft gesagt, alle könnten zur Arbeit zurückkommen. Als sich die Richterinnen und Anwältinnen dann zurückmeldeten, wurden einige verhaftet. Wir wissen, dass sie uns in die Falle locken wollen. Sie haben eine Generalamnestie ausgerufen, töten aber dennoch weiter.

Als Leiterin meiner Abteilung kämpfte ich für die Frauenrechte. Ich kümmerte mich in erster Linie um Mädchen, die wegen häuslicher Gewalt von zu Hause geflüchtet waren, und für diese Mädchen mussten wir eine Zuflucht bereitstellen. Sie waren gezwungen, die Familie zu verlassen, um ihr Leben zu schützen. Wir hatten sichere Frauenhäuser für sie eingerichtet. Und wir haben die Rechte dieser Mädchen verteidigt. Gerade deshalb werde ich am meisten bedroht. Wir hatten hier ein Ministerium für Frauenangelegenheiten, und in den Provinzen gab es Dienststellen dieses Ministeriums. Und als diese Mädchen aus Herat, Badghis, Ghor oder anderen Orten zu uns nach Kabul geschickt wurden, begleitete ich sie zum Gericht, zum Ministerium für Frauenangelegenheiten oder zu den Frauenhäusern. Die Fälle, die wir bearbeitet haben, wurden mit unseren Namen in der Akte vermerkt. Die Akten dieser Fälle lagern in den Gerichten. Und die Familien, aus denen diese Mädchen geflohen waren, gingen nach der Machtübernahme als Erstes zu den Taliban und meldeten unsere Namen. Und da jetzt die Taliban alle Positionen in Ministerien, Dienststellen und Gerichten besetzen und die Regierung stellen, finden sie auch die Akten, in denen unsere Namen eingetragen sind. Das ist ein Riesenproblem für mich.

Als ich beim Gesundheitsministerium war, habe ich in der Gender-Abteilung gearbeitet. Das war im Gesundheitsbereich, wir arbeiteten aber für die Rechte der Frauen. Eine der Tätigkeiten war die Erarbeitung von Richtlinien zum

Jungfräulichkeitstest. Ein Tabubruch in unserer Gesellschaft. Niemand redet über das Problem, dass manche Familien Mädchen vor der Eheschließung zu einem Jungfräulichkeitstest schicken. Wir haben dagegen gekämpft. Denn dieser Test ist psychische Gewalt und muss verboten werden. Warum verletzt ihr die menschliche Würde eines Mädchens? Die Männer in unserer Umgebung – auch die Arbeitskollegen – hielten uns für schlimme Menschen, pervers, ehrlos und ungeniert, nur weil wir das Wort ›Jungfräulichkeit‹ aussprachen. Es ist in Afghanistan durchaus üblich, Jungfräulichkeit zur Voraussetzung der Ehe zu erklären, aber sie beim Namen zu nennen, das ist eine Schande.

Als wir die Friedensgespräche zwischen den USA und den Taliban verfolgten, hofften wir Afghaninnen, dass die Errungenschaften der Frauen durch die Gespräche nicht zunichtegemacht werden. Wir dachten, die USA waren 20 Jahre hier und würden schon nicht zulassen, dass einfach alles, was sie hier aufgebaut hatten, so einfach zerstört würde: die Errungenschaften, die Rechte, die ganzen Projekte. Dass das ganze Geld, das nach Afghanistan floss, nicht umsonst investiert wurde. Aber genauso kam es.«

Am 3. Dezember veröffentlichten die Taliban ein Dekret zu Frauenrechten. Darin heißt es unter anderem: »Eine Frau ist kein Eigentum, sondern ein freier Mensch.« Und: »Zum Zeitpunkt ihrer Eheschließung muss die Frau erwachsen sein.« Dazu gehört auch ein Verbot des in Afghanistan weitverbreiteten Gewohnheitsrechts, Frauen nach dem Tod ihres Ehemanns gegen ihren Willen an Verwandte weiterzuverheiraten oder als Gegenleistung bei der Schlichtung von Streitfällen zwischen Gemeinschaften oder Familien an die andere Partei zu geben.

Afghanistan-Experte Thomas Ruttig schreibt in der »taz« dazu: »Das Dekret betont ferner, dass das islamische Recht – und zwar in seiner in den meisten Teilen der islamischen Welt anerkannten Auslegung – den Frauen das Recht auf einen dort bestimmten Anteil am Erbe ihrer Ehemänner oder Kinder, Gleichberechtigung in einer im Islam legalen Vielehe sowie das Recht auf ein Brautgeld (mahr) bei Wiederverheiratung zuspricht. In großen Teilen der afghanischen Gesellschaft fällt die Praxis oft hinter diese Festlegungen zurück, legitimiert als rewádsch (Tradition).«

Das ganze Dekret hört sich progressiv an, nach dem, was wir im Westen gerne hören. Ich frage den EU-Abgeordneten Dietmar Köster, er sitzt für die SPD im Ausschuss für Menschenrechte und im Ausschuss für Auswärtige Angelegenheiten. »Ich teile Ihre Einschätzung hundertprozentig, dass die Taliban das erklären, was wir hören wollen. Und so ist auch das Spezialdekret zu Frauenrechten zu sehen, das die Taliban erlassen haben. Es hat meiner Meinung nach mehr eine Alibifunktion der Öffentlichkeit gegenüber. Wir sehen, dass zum Beispiel Einrichtungen, die in den letzten 20 Jahren Frauen vor Gewalt geschützt haben, allesamt wieder geschlossen wurden. Dass Frauen aus dem öffentlichen Leben zunehmend verschwinden. Das ist ein deutlicher Beweis, dass Frauenrechte unter dem Taliban-Regime trotz aller Rhetorik überhaupt keine Rolle spielen. Wichtig ist in dem Zusammenhang, dass die EU nur Gelder an NGOs zahlt – und zwar auf Wunsch der NGOs –, wenn diese weibliche Arbeitnehmerinnen im Land einsetzen können. Und das ist auch die richtige Haltung, die ich unterstütze.«

Als ich Mahbouba Seraj frage, was sie von dem Dekret hält, sagt sie mir, weniger kritisch: »Ich liebe es. Das sind die

Dekrete, die wir wollen. Nun müssen wir nur darauf warten, dass es auch wirklich umgesetzt wird.«

Ich kontaktiere Leila Samani, ehemalige Leiterin der NGO »Birth of Ideas« in Herat. Sie ist Frauenrechtsaktivistin. Sie wartet mit ihrer Familie in Islamabad gerade darauf, dass die deutsche Botschaft ihr ein Einreisevisum ausstellt. »Es liest sich interessant. Ich glaube, die Taliban wollen damit nur erreichen, dass man sie international anerkennt. Aber wo steht, dass Mädchen und Frauen Rechte auf Bildung haben, das Recht zu arbeiten? Ist nur Heiraten ein Recht?«

Leila Samani führt weiter aus: »Einer der größten Kritikpunkte an den Taliban ist, dass sie Frauenrechte nicht anerkennen, und aus diesem Grund versuchen sie ihr Image aufzubessern. Sie wollen sich nicht wirklich ändern, sondern tun so, als ob sie sich geändert hätten. Die Wahrheit ist: Grundsächlich ist die afghanische Gesellschaft sehr traditionell, ob unter Hamid Karzai oder Ashraf Ghani. Trotz aller Freiheiten, die die Regierung zu ermöglichen versuchte. Wir haben schon vor der Machtübernahme in den Provinzen sehr viel Gewalt beobachtet. Die wenigsten Frauen wussten, dass sie Erbrechte haben. Selbst wenn es bekannt war, hat man es ihnen nicht zugestanden. Es gab Gewalt, Polygamie ist weit verbreitet, es gab und gibt Kinderehen mit sehr jungen Mädchen. Seitdem die Taliban an die Macht gekommen sind, haben sie den Frauen, die sich in den Städten ihre Rechte in den letzten 20 Jahren erkämpft haben, einfach wieder genommen.

Wenn die Menschen nach ihren Gehältern verlangen und sich über die extreme Armut beklagen, reicht es zur Beruhigung, wenn der Premierminister sagt: ›Gott gibt uns das tägliche Brot!‹ Die Menschen Afghanistans sind mit dieser religiösen Einstellung aufgewachsen. Sie sind in weiten Teilen weltfremd und Analphabeten. Sie glauben alles, was in den Haqqani-Schulen in Pakistan gelehrt wurde; für sie ist Propaganda die Wahrheit. Leider haben Afghanistans Männer keinen Respekt vor Frauen, betrachten Frauen nicht als Menschen. Die Tradition zählt am meisten. Sie halten sich nicht einmal an die islamischen Regeln. Diese Menschen akzeptieren die gängigen Traditionen und Bräuche in der Gesellschaft mehr als Entscheidungen, zu denen sie durch logisches Denken kommen würden. Was die Punkte, die im Dekret aufgezählt sind, betrifft, bin ich nicht optimistisch, dass sie als Gesetz anerkannt und praktisch durchgesetzt werden. Ich glaube nicht daran.

Und hören Sie einmal zu, wenn ihre Sprecher sich zu Wort melden. Sie reden von ihnen wie von Eigentum oder einer Ware, die dem Mann gehört. Sie sagen, dass eine Frau jeden Tag geschlagen werden muss, um sie auf den richtigen Pfad zu bringen; aus deren Sicht ist das rechtens. Und schauen Sie sich an, was sie bereits umgesetzt haben: Sie haben die Schulen geschlossen, Frauen haben keinen Zugang zu Universitäten, dürfen kaum noch ihren Beruf ausüben. Das ist das, was sie praktisch machen. Sie können viel zu Papier bringen, doch das entspricht nicht der Realität. Wo ist die Stimme der Frauen in der Regierung? Welchen Platz haben Frauen? Leider erfahre ich in diesen Tagen, dass Menschen, die ihr Leben im Ausland verbracht haben, in Europa oder USA groß geworden sind, nun Lobbyarbeit machen, damit die Taliban anerkannt werden. Ich weiß nicht, warum.

Ich war entsetzt, als ich eine Afghanin im Ausland sagen hörte, dass Frauen jetzt doch als Straßenverkäuferinnen arbeiten können. Interessant ist, dass diese Straßenverkäuferinnen vorher Lehrerinnen waren. Sie sagen, alles wäre gut und keiner tut einem etwas. Ist es gut, dass die gut ausgebildete Lehrerin jetzt eine Straßenverkäuferin ist? Mehr als die Hälfte unserer Akademikerinnen mussten ins Ausland fliehen, weil man sie entlassen hat und die Behörden grundsätzlich gelähmt sind. Man kann den Taliban keinen Glauben schenken, weil sich ihre Einstellung nicht geändert hat. Das sind dieselben Menschen mit den gleichen Einstellungen. Jeder einzelne Minister, der an die Macht kam, sagte das Gleiche: Frauen sollen die islamische Kleiderordnung beachten, die Haare der Frau dürfen nicht gesehen werden. Jeder Minister, der ernannt wurde, sagte in seiner ersten Rede dasselbe. Ach ja, und sie sagten, sie würden die Prostitution stoppen. Als wäre Kabul ein Bordell gewesen, bevor die Taliban kamen. Der Gesundheitsminister spricht über die Frau, der Minister für Tugend und Laster spricht über die Frau, der Minister für Pilgerreisen und islamische Stiftungen spricht über sie, der Minister für Nachrichtendienst und Kultur spricht über sie, der Bildungsminister spricht über sie, alle sprechen über Frauen. Ich bin verwirrt und denke mir: Dreht sich deren gesamter Denkkosmos um die Frauen? Ist das einzige Problem der Gesellschaft die Frau?«

Wir sind gerade wieder in Kabul angekommen. Fast vierzehn Stunden waren wir unterwegs, es ist schon dunkel. Wir halten kurz an einem Supermarkt, um frisches Wasser zu kaufen. An der Kasse sitzt eine Frau. Ich frage sie, ob sie regulär arbeiten darf; ihr hat es noch niemand verboten. Die Taliban sind noch nicht gekommen. Aber ja, sie wird von vielen, die an der Kasse anstehen, gefragt, ob sie nicht Angst hätte. Sie antwortete ihnen dann, dass sie doch ihre Familie ernähren muss. Als ich zahle, fragt sie nach meiner Telefonnummer, sie würde sich gerne mit mir anfreunden. Ich gebe sie ihr, habe aber leider keine Zeit mehr, mich mit ihr zu treffen. Nach einer Woche schreibt sie mir. Ich frage sie, wie es ihr geht. Sie arbeitet nicht mehr, schreibt sie mir, der Supermarkt wurde geschlossen. Am 20. Dezember 2021 berichtet sie mir, dass das mächtige Ministerium für islamische Beratung neue Vorschriften erlassen hat: Frauen müssen ihren Kopf vollständig bedecken, wenn sie in einem öffentlichen Taxi fahren, und sie müssen von einem männlichen Verwandten begleitet werden, wenn sie mehr als 72 Kilometer fahren. Ansonsten dürfen Taxifahrer Frauen nicht mehr befördern. Auch Musik zu hören ist jetzt im Auto verboten. Das sei unislamisch.

»Vielen Dank, dass Sie sich die Zeit nehmen, meine Geschichte anzuhören.« Zahra holt tief Luft, ich höre, dass ihre Stimme beginnt zu zittern. Ich habe sie erst nach meiner Rückkehr aus Afghanistan über Instagram kennengelernt. Ich gab ihr meine Nummer, und sie schickte mir Sprachnachrichten mit ihrer Geschichte. Ihre Stimme klingt wie die Stimme von Romy Schneider in »Sissi«, so zerbrechlich. Gleichzeitig würdevoll und gebildet. Sie ist erst 17. »Wir versuchten, den Frauen eine Stimme zu verleihen. Seit die Regierung von den Taliban gestürzt wurde, haben wir große Angst; wir gehören zu der religiösen Minderheit der Schiiten, zum Stamm der Sadat. Wir werden von den Taliban und dem Daesh bedroht und verfolgt. Was wir in den letzten Jahren erreicht haben, müssen wir jetzt vor ihnen verheimlichen.

Sie wollen, dass wir genauso leiden wie unsere Mütter damals. Vor 25 Jahren, als die Taliban zum ersten Mal an die Macht kamen, musste meine Mutter nach Pakistan emigrieren. Sie kommt aus der Provinz Paktia, wo die meisten Menschen Paschtunen, fromm und der Meinung sind, dass Frauen nur für die Hausarbeit geschaffen sind. Sie kam erst 2003 nach Afghanistan zurück, als die Republik ausgerufen wurde.«

Und dann höre ich kaum noch ihre Stimme, sie wird von ihren Tränen erstickt: »Seit die Taliban gekommen sind, beginnt jeder Tag für uns mit Tränen und endet mit Tränen. Sie kommen Tag für Tag näher. Wir können uns nie für eine längere Zeit an einem Ort aufhalten. Ich habe so große Angst, dass ich vergewaltigt werde. Und ich habe Angst, all meine Träume begraben zu müssen und dass ich gezwungen werde, jemanden zu heiraten. Ich will wieder meine Freiheit zurück, ich will gehen.

Meine Eltern haben uns Kinder immer unterstützt. Meine ältere Schwester ist TV-Journalistin und Moderatorin Manijeh Abbasi. In Afghanistan kennt sie jeder. Sie ist ein Vorbild für Tausende junge Frauen. Für die Taliban ist sie eine verdorbene Frau. Sogar die Familie meiner Mutter meinte, wir hätten den Islam gänzlich vergessen. Es sei eine große Schande, dass eine Frau arbeitet, und das unter so vielen Männern. Sie sagten, sie würden Manijeh töten, wenn sie sie in die Finger bekämen. Wir haben das nicht weiter beachtet, weil uns unsere Eltern immer ermutigten, standhaft zu bleiben.

Das nationale Fernsehen ist jetzt in der Hand der Taliban. Sie haben Zugang zu allen Archiven und wissen, welche der jungen Frauen dort gearbeitet haben. Sie haben Zugang zu allen Programmen, die meine Schwester und andere Frauen produziert haben und in den sozialen Medien des nationalen Fernsehens RTA veröffentlicht wurden. Sie haben alles gelöscht. Nichts übrig gelassen. Als hätten diese jungen Frauen und ihre Arbeit nie existiert.

Meine Schwester hat sich nun versteckt. Die Frau, die ihre Stimme erhoben hatte, sitzt jetzt stumm in einer Ecke vor lauter Angst, ihre Familie könnte ihretwegen bedroht oder getötet werden.

Eine meiner anderen Schwestern studierte Kunst an der Universität in Kabul. Die Taliban haben das Fach gestrichen. Meine Schwester Monireh arbeitete im Präsidentenbüro. Auch sie ist jetzt in großer Gefahr. Sie kämpfte für die Frauenrechte und gegen die archaischen Traditionen. Sie hat auch Gedichte geschrieben, wollte Drehbuchautorin werden und irgendwann ihre eignen Filme drehen. Jetzt haben die Taliban alle ihre Träume zerstört.

Mein jüngster Bruder ist 12 Jahre alt. Er lernte am Nationalen Institut für Musik ANIM Gitarre. Jetzt sind Musik und Kunst verboten. Als die Taliban an die Macht kamen, hat mein Bruder seine Gitarre mit einem Hammer kaputt geschlagen. Währenddessen weinte er die ganze Zeit. Früher durfte sie nicht mal einen winzigen Kratzer bekommen. Aber er hatte Angst, der Familie könnte deswegen etwas geschehen, weil die Taliban mit Hausdurchsuchungen begonnen hatten.

Mitglieder vom Stamm meiner Mutter, der inzwischen durch die Taliban an Macht gewonnen hat, schickten uns die Nachricht: ›Wenn wir euch finden, seid ihr unsere Beute. Wir werden eure Tochter mit Gewalt verheiraten. Nicht nur sie, alle vier Töchter.‹ Wir sind vier Schwestern, vier junge Mädchen: Manijeh, Monirah, ich und die vierte Schwester

Zainab. Sie sagten: ›Ihr vier gehört uns, wenn wir euch kriegen. Das ist unser Recht.‹

Als ich klein war, wollte ich Radfahrerin werden. Bis zu meinem 13. Lebensjahr konnte ich kein Fahrrad kaufen, weil es meinen Eltern finanziell nicht gut ging. Trotzdem ermutigten sie mich und sagten: ›Du kannst es!‹ Im Sommer der 8. Klasse hat ein Institut für die 11. und 12. Klasse einen Wettbewerb veranstaltet. Wer die beste Note bekam, würde einen Preis gewinnen: einen Computer im Wert von 10 000 Afghani. Ich war glücklich und dachte, ich könnte den Computer verkaufen und mit dem Geld ein Fahrrad kaufen. Ich hab Tag und Nacht für die Prüfung gelernt, an der Prüfung teilgenommen – und den Computer gewonnen. Mit 99 von 100 Punkten. Ich bin mit dem Computer nach Hause, habe ihn meiner Mutter gegeben und sie gebeten, ihn zu verkaufen und mir ein Fahrrad zu kaufen. Was sie dann auch getan hat. Ich lernte schnell und brachte auch den Mädchen aus der Nachbarschaft das Radfahren bei. Ich war stolz, dass jetzt 20 Mädchen mehr Fahrrad fuhren. Und jetzt, nachdem die Taliban an der Macht sind, hab ich mein Fahrrad versteckt.

Dann wird ihre Stimme ganz leise, fast schon flüsternd: »Der Tod wäre für uns Mädchen vielleicht sogar ein Glück, wenn die Alternative ist, von einem Kämpfer an den nächsten und von einem Mann an den anderen weitergegeben und vergewaltigt zu werden. Selbst wenn dies nicht passiert, würden sie uns mit Gewalt mit einem Mann verheiraten, den wir nicht kennen und nicht lieben. Dann müssten wir Kinder großziehen, die durch diese Vergewaltigungen entstanden, und diese Kinder würden in einer gnadenlosen Welt aufwachsen, ohne zu wissen, wer wir waren: mutige Frauen, die ihre Stimme erhoben.«

17 Drogen statt Rosen

Es ist eigentlich egal, welche Artikel oder Berichte man liest und wann diese geschrieben wurden. Immer heißt es: Drogen gehören zu den wichtigsten Einnahmequellen in Afghanistan. Das Land ist weltweit der größte Opiumproduzent und Rohstofflieferant für Heroin. In den Quellen macht das Opium aus Afghanistan mal 83 Prozent, manchmal sogar bis zu 93 Prozent des Weltmarkts aus. Mit einer Ausnahme. Während der ersten Taliban-Herrschaft wurde der Drogenanbau für ein Jahr um 90 Prozent reduziert. Mullah Omar, der damalige Anführer der Taliban, verfügte am 27. Juli 2000 ein Verbot gegen den Mohnanbau. Dieser verstoße gegen den Islam. Die Bauern gehorchten, aus Angst vor drakonischen Strafen. In seinem Report für den US-amerikanischen Kongress vermutet der Autor Raphael Pearl dahinter das Kalkül der Taliban, durch ein Verbot die Preise in die Höhe zu treiben und mit ihren vollen Lagerhallen einen noch höheren Gewinn zu erzielen. Wenn es Kalkül war, dann konnten sie ihren Erfolg nicht auskosten. Denn die Taliban blieben danach nur noch kurz an der Macht.

Als die Amerikaner und ihre Verbündeten 2001 in Afghanistan einmarschierten, starteten sie ihr Programm zur Drogenbekämpfung. Die Briten boten jedem Bauern 700 Dollar an, wenn er sein Mohnfeld zerstörte. »Cash-for-Poppies«

nannte man diese Programme. Mit dem Ergebnis: Das Geschäft mit dem Drogenanbau florierte wieder.

Raphael Pearl, ehemaliger Drogen-Experte der US-Regierung, sagt mir dazu: »Ich kenne keine Ersatzpflanze, die mit Opium oder Heroin konkurrieren kann. Das ist totaler Blödsinn. Pflanzenersatzprogramme funktionieren einfach nicht. Wir haben die Erfahrung gemacht, dass die Bauern einfach das Geld nehmen, das ihnen für Ersatzpflanzen gezahlt wird. Danach bauen sie die Ersatzpflanzen UND die Drogenpflanzen an. Der Gewinn bei Opium ist so hoch, die Nachfrage so stark und die Menschen in Afghanistan sind so arm, da ist es utopisch zu denken, man könne den Handel stoppen. Nur wenn sich die Nachfrage reduziert, kann der Handel reduziert werden. Er ist zu gut etabliert: Kapitalismus vom Feinsten.«

2016 produzierte ich für das ARD-Politmagazin »Report München« einen Beitrag über die Drogenflut; zu dem Zeitpunkt gab es eine extrem große Heroinschwemme aus Afghanistan nach Europa. Allein in Deutschland konsumieren Menschen nach Schätzungen des Bundeskriminalamtes mehr als 50 000 Kilogramm Heroin pro Jahr – gewonnen aus Opium, das in Afghanistan zu dem Zeitpunkt unserer Reportage auf Rekordniveau geerntet wurde. Wir fuhren für den Beitrag entlang der Schmuggelrouten. Die Transitländer wie der Iran kämpfen einen fast aussichtslosen Kampf gegen die Rauschgifttransporte. Die deutsche Drogenpolitik, die mit Förderprogrammen Bauern am Hindukusch dazu bringen wollte, Tomaten und Mais statt Opium anzubauen, schien schon damals gescheitert. Mal wachsen die alternativen Pflanzen nicht wie geplant, mal fehlen die Absatzmärkte. Die Bauern sind enttäuscht, fühlen sich alleingelassen – und bauen wieder Schlafmohn an. Opium bringt den Bauern einen zigfachen Erlös gegenüber den Ersatzprodukten Weizen, Baumwolle, Tomaten oder Mais. Mohn ist leicht anzubauen, braucht wenig Wasser. Der Saft, der aus der Blüte gewonnen und als Harz getrocknet wird, ist leicht zu lagern und zu transportieren. Darum konnten weder Alternativ- noch Vernichtungsprogramme den Opiumanbau in Afghanistan eindämmen geschweige denn stoppen. Auch wenn immer wieder von enormen Fortschritten im Kampf gegen den Drogenanbau in Afghanistan gesprochen wurde. Es war wie der Versuch des Köpfens der Hydra: Je mehr Köpfe man dem vielköpfigen Ungeheuer aus der griechischen Mythologie abschlug, desto mehr wuchsen ihm nach. Amerikanische Berichte versuchten die gescheiterten Programme zu vertuschen, afghanische Beamte logen in Berichten, um weiter Gelder für die »Drogenbekämpfung« zu erhalten. Und die Bauern pflanzten weiter Opium an, bis heute. Verbietet man ihnen diese Einnahmequelle, werden sie zornig. Das haben die USA und NATO-Truppen zu spüren bekommen, und das wissen auch die Taliban.

2016 war der Mohnanbau auf Rekordniveau. Heute sind die Zahlen noch verheerender. Nach Schätzungen von UNODC (United Nations Office on Drugs and Crime) nahm die Anbaufläche für Schlafmohn im Jahr 2020 um 37 Prozent zum Vorjahr zu. Mit einer geschätzten Jahresernte von 6000 Tonnen Rohopium. 350 Lastwagen überqueren täglich allein die Grenze im Südwesten Afghanistans zum Iran, neben legalen Konsumgütern auch beladen mit Opium, Heroin, Haschisch und Ephedrin, einem aus der Pflanze Ephedra gewonnenen Wirkstoff zur Herstellung von Crystal Meth. Auf der Seite des deutschen Bundeskriminalamts steht: »Der Schmuggel von Heroin nach Westeuropa erfolgt hauptsächlich in Lkw aus Afghanistan, Pakistan und dem Iran über die Verzweigungen der klassischen Balkanroute und der nördlichen Schwarzmeerroute. Allerdings scheinen Transporte über die Nordroute und die Südroute an Bedeutung zu gewinnen. Sicherstellungen zwischen 40 bis 700 kg mit Großmengen Heroin in Schiffscontainern mit Deutschlandbezug deuten darauf hin, dass dieser im Heroinschmuggel bisher selten festgestellte Modus Operandi möglicherweise wieder verstärkt genutzt wird. Hierbei könnten durch die Corona-Pandemie bedingte Grenzschließungen wie im Iran oder in der Türkei als Verstärker für Schiffstransporte statt Transporten über Land wirken.«

Auf meine Nachfrage beim BKA, wie gefährlich die neue Entwicklung ist, heißt es: »Es ist nicht auszuschließen, dass die Machtübernahme der Taliban zu einer Steigerung der Opium- und Heroinproduktion führen kann, was nicht unerhebliche Auswirkungen auf den europäischen und damit auch deutschen Drogenmarkt haben dürfte. Die Entwicklung wird im BKA beobachtet.«

Afghanistan-Kenner Thomas Ruttig schreibt im Winter 2021: »In der jetzigen Situation der verheerenden Armut und Perspektivlosigkeit wächst die Abhängigkeit von der Drogenwirtschaft, die etwa ein Achtel des Bruttoinlandsprodukts ausmacht. Mit Einnahmen daraus verringern Teile der Landbevölkerung ihre Armut, wobei selbst diese mit ca. 1 % am wenigsten profitiert.« Die Gewinne landen bei den Warlords, Gouverneuren, bei hochrangigen afghanischen Beamten und den Taliban. Schätzungen des UN-Sicherheitsrats zufolge belaufen sich die jährlichen Einnahmen der Taliban auf 300 Millionen bis 1,6 Milliarden Dollar. Der Anteil des Drogenverkaufs soll sich auf 400 Millionen Dollar belaufen.

Offiziell verbieten die Taliban den Anbau von Drogen und bestreiten öffentlich jegliche Verbindung zum Rauschgiftgeschäft. Inoffiziell verdienen sie daran. Nach ihrer Machtübernahme kündigten sie ein Verbot des Opiumanbaus an. Seitdem haben sich die Preise verdreifacht. Es könnte sein, dass sie erneut das Kalkül aus ihrer ersten Amtszeit anwenden, als sie mit einem Verbot die Preise in die Höhe jagen wollten, um mehr daran zu verdienen.

In Kabul frage ich Taliban-Sprecher Zabihullah Mujahid nach ihrem Versprechen, den Drogenanbau auf null zu reduzieren. »Wir können es schaffen, aber wir brauchen dafür internationale Unterstützung, da der Opiumanbau von den Menschen benötigt wird, da sie sehr arm sind und es dafür keine Alternative gibt. In dieser Hinsicht stehen wir einfach vor finanziellen Problemen. Wir brauchen die Unterstützung der internationalen Gemeinschaft, um den Drogenanbau zu beseitigen.«

Und auch hier könnte sich das Spiel der doppelten Einnahmen – Hilfszahlungen aus dem Ausland und Erlöse durch den Opiumverkauf – wiederholen. In Berlin treffe ich den im Sommer aus Afghanistan geflohenen Mobarez Rashidi. Er war von 2013 bis 2015 als Minister zuständig für den Kampf gegen Drogen. »Es gab häufig Perioden, in denen das Land nicht vollständig unter Kontrolle der afghanischen Regierung war, insbesondere die fruchtbaren Regionen in den südlichen Provinzen und die entlegensten Gebiete Afghanistans. Die Menschen dort waren nicht einmal über die Anti-Drogen-Politik der Hauptstadt Kabul informiert. Dort haben terroristische Gruppen wie die Taliban die Menschen ermutigt, Drogen anzubauen, weil dieser Anbau eine Einnahmequelle für sie war. Der afghanische Staat konnte als neu gegründeter Staat, der viele andere Probleme hatte, bei der Durchführung seiner Pläne zur Drogenbekämpfung nicht wirksam vorgehen. Die militärischen Truppen, die die Aufgabe hatten, Drogen zu bekämpfen, haben ihre Aufgabe nicht konsequent umgesetzt. Auch die Stellen, die den Anbau von Schlafmohn verhindern sollten, haben ihre Arbeit nicht gemacht.«

Rashidi hat Unterschiedliches zur aktuellen Lage aus Afghanistan gehört: »Am Anfang sagten die Taliban, sie würden Drogen bekämpfen und keinen Opiumanbau zulassen. Später haben sie es sich anders überlegt und gemeint, dass es in der jetzigen Wirtschaftslage für die Menschen nicht möglich sei, Drogen nicht anzubauen.«

Ein Journalist des »Wall Street Journal« ist ein paar Tage vor mir in Talukan in der Provinz Kandahar. Ich durfte nicht mehr dorthin, im November 2021. Die Taliban wollen hier keine internationalen Journalisten mehr sehen. Ich weiß, warum. Der US-amerikanische Journalist schreibt später sinngemäß: Afghanistans Opiumgeschäft läuft auf Hochtouren, und die Taliban schauen weg. Es gibt keine Alternative. Die Bauern bestätigen ihm, der Anbau werde ausgeweitet werden, sonst gebe es nichts mehr in Afghanistan, mit dem man sein Geld verdienen könne. Die Wirtschaft ist um 40 Prozent seit der Machtübernahme der Taliban eingebrochen, Tendenz: Es wird schlimmer. Ein Bauer sagt dem Journalisten noch: »Wenn die Regierung ärmer ist als die Bevölkerung, dann hat man keine Energie, sich gegenseitig das Leben zu erschweren, jeder macht also, was er will.«

Ganz offen verkaufen die Bauern auf dem Markt das Rohopium, als wären es Karotten oder Äpfel. Ich sehe es auf vielen Märkten rings um Kandahar. Nirgendwo auf der Welt wird so viel Opium angebaut wie hier in der Region, der Hochburg der Taliban. »Außerhalb Kandahars gehen die Taliban rigoroser gegen den Anbau vor«, erzählt mir ein Insider, »dort, wo nicht überwiegend Paschtunen leben, was bedeutet, es wird weniger in die Hände der Taliban gewirtschaftet.«

Als ich dieses Kapitel beende, merke ich, dass ich das Versprechen seines Titels noch nicht eingelöst habe. Das muss ich nachholen. Ich hatte immer im Kopf, dass es ein Alternativprogramm für Opiumanbau in Afghanistan von einem Deutschen gab, Rosen statt Drogen. Als ich im Internet dazu recherchiere, stoße ich auf den Namen Norbert Burger und dann auf die Firma Wala. Dort arbeitet seit Jahren der Vater einer Schulfreundin, wir haben uns immer im Iran getroffen. Er hat Bauern im Süden, in der Nähe Kermans, begleitet, die ihre Landwirtschaft auf biodynamisch umstellten, um Rosen für Wala anzubauen. Ich rief ihn also an und fragte, ob er einen Norbert Burger kenne. »Natalie«, sagt er mir, »er ist der Patenonkel von Maria.« Meiner Schulfreundin.

»Rosen für Nangahar.« Norbert Burger hatte 2004 das Projekt mit der Welthungerhilfe zusammen aufgebaut. 2001 schrieb er das Landesprogramm der Welthungerhilfe für Afghanistan: »Wir suchten kurz vor der Präsidentenwahl nach nachhaltigen Projekten, um Afghanistan in eine eigene wirtschaftliche Aktivität zu führen, anstatt immer von uns abhängig zu sein.« Dann kam das Rosen-Projekt zu Burger. Er ist biodynamischer Landwirt, die perfekte Besetzung. »Für die Welthungerhilfe war das ein exotisches Projekt, aber endlich mal ein sinnvolles, mal keine Nothilfe oder Rehabilitation. Rosenöl in Afghanistan zu erzeugen, war sehr wirtschaftlich. Und der Transport war nicht kompliziert. Ein großer Teil des Gewinns ist wieder zurückgeflossen. 800 Bauern haben in den Jahren knapp dreieinhalb Millionen Euro bezahlt bekommen«, sagt mir Burger. Am Anfang importierte man Rosenstecklinge aus Bulgarien, die in drei Tälern angebaut wurden. Die Welthungerhilfe hat den Bauern für die Überbrückungszeit von drei Jahren – Rosen brauchen drei Jahre, um die effizienten Aromen zu entwickeln – gutes Geld gezahlt. Eine Art Motivationszulage, damit ihnen die Bauern nicht weglaufen. In der ersten Zeit haben die Bauern unglaublich viel Öl produziert.

»Daneben haben sie aber auch Opium angebaut, das konnten wir nicht verhindern. Wie sollten wir auch, wie sollten wir die Bauern, die Analphabeten waren, nichts von Zertifikaten verstanden, davon abbringen? Der Opiumanbau ist keine individuelle Geschichte, sondern eine Sache der Clans. Wer sich dem Anbau entzog, musste Strafe zahlen. Die Schuras, Stadträte, verdonnerten sie dann zu drastischen Strafen«, erinnert sich Burger an die Zeit.

100 Hektar Rosen gibt es immer noch. Doch das Projekt steht auf der Kippe. DHL hatte bis zur Machtübernahme der Taliban das Projekt unterstützt und das reine Rosenöl fachgerecht transportiert. Seit die Taliban an der Macht sind, transportiert die kostbare Ware keine Airline mehr. Und der Transport kann nicht mehr versichert werden. Das Rosenprojekt ist nicht mehr wirtschaftlich.

Norbert Burger sagt mir noch, dass ich, wenn ich wieder nach Afghanistan reise, im Mai in die Gebiete in der Provinz Nangarhar fahren soll, dann würden die Rosen dort unendlich schön blühen. Ob ich sie noch sehen werde? Die Bauern haben dem Geschäftsführer von »Afghan Roses limited« bereits mitgeteilt, sie könnten jetzt nicht mehr auf ihr Geld warten, sie müssten die Rosen rausreißen. Um etwas anderes anzubauen. Bereits 100 Bauern haben dies getan.

»Wenn es keinen Krieg gäbe, könnte Afghanistan die Welt mit Rosen versorgen«, sagt mir Hans Suppenkämper, der Vater meiner Freundin, der seit 2005 an dem Projekt in Afghanistan mitarbeitete. Vermutlich aber hat das Opium gewonnen. Drogen statt Rosen.

18 Die Partner der neuen Machthaber

Sie sind keine homogene Gruppe, die Taliban. Ob die Führer an einem Strang ziehen, ist fraglich. Es tobt ein interner Machtkampf, heißt es immer wieder. Dies war schon bei der Regierungsbildung deutlich geworden. Die Hardliner haben fürs Erste diesen Kampf gewonnen, die Gemäßigten wurden beiseitegedrängt. Offenbar haben sie andere Vorstellungen als die moderateren Vertreter, die von Doha aus einige vernünftige Absichten erklärten. Mullah Abdul Ghani Baradar, Unterhändler des politischen Büros in Doha, der das Abkommen zwischen den Taliban und den USA in Qatar verhandelte, rückte nach der Machtübernahme im Sommer 2021 immer mehr in den Hintergrund. Man sieht ihn kaum, wenn internationale Delegationen nach Afghanistan kommen. Zeitweise gab es sogar Gerüchte, er wäre bei einer blutigen Auseinandersetzung mit dem Haqqani-Netzwerk verletzt worden oder sogar umgekommen. Daraufhin zeigte er sich wieder im Fernsehen, las eine Rede vom Blatt ab, fremdbestimmt sagten einige. Andere wiederum meinten, er habe schon immer emotionslos gewirkt. Ihm wurde eigentlich der Premierministerposten in Aussicht gestellt, jetzt ist er nur sein Stellvertreter. Gewinner ist der militärische Führer, Siradschuddin Haqqani, Anführer des im Westen als Terrororganisation gelisteten Netzwerks. Im Fahndungsschreiben macht man ihn für den Mord an Dutzenden afghanischen Zivilisten und Soldaten sowie für Entführungen verantwortlich. Die Haqqanis sind die Hardliner innerhalb der Taliban, unterstützt von Pakistans mächtigem Geheimdienst ISI. Eine alte Bande. Schon in den 80er-Jahren erhielten die Haqqanis CIA-Gelder und Waffen über den ISI. 2001, als die Amerikaner die Taliban bombardierten, setzte sich der ISI bei den Amerikanern dafür ein, Haqqanis Haus zu verschonen. Demgegenüber ist Mullah Baradar eher Pakistan-kritisch.

Die Taliban werden in Kandahari und Khosti eingeteilt. Kandahari sind die »alten Taliban«. Sie besetzten schon vor 2001 Ministerposten und stammen meist aus der Gegend von Kandahar. Die Khosti bilden das Haqqani-Netzwerk. Kern dieses Netzwerks ist die Familie des Dschalaluddin Haqqani aus Khost. Siradschuddin, sein Sohn, der das Netzwerk anführt, ist Innenminister der Taliban-Regierung geworden. Dieses militärische Rückgrat der Taliban verfügt über enge Beziehungen zu al-Qaida. Sie sind militärisch besser ausgebildet und ausgerüstet als die Taliban unter der Führung von Mullah Baradar.

Ein Journalist und Kenner der Taliban in Kabul sagt mir, die Haqqanis hätten durch die mächtige Rückendeckung des pakistanischen Geheimdienstes ISI den Machtkampf innerhalb der Taliban vorerst gewonnen und somit auch die Verantwortung für die wichtigsten Ministerien und strategischen Stellen in der Hauptstadt. Dadurch haben die Haqqanis unter anderem Zugang zu allen Personendaten – auf die jetzt auch der ISI zugreifen kann. So hat der ISI sämtliche Informationen, die die Sicherheit Afghanistans betreffen, schreibt mir der Journalist, der auf seine Evakuierung aus Afghanistan wartet und anonym bleiben möchte.

Dass es keinen Machtkampf gebe, dieses Bild versucht die Taliban-Führung immer wieder zu vermitteln. Doch die Realität sieht anders aus. »Kürzlich wollte eine Delegation der Taliban aus dem Gesundheitsministerium ein lokales Geheimdienstkrankenhaus in der Provinz Nangarhar besuchen, die an Pakistan grenzt«, erzählt mir der Journalist. »Sie wurden jedoch vom Direktor des Krankenhauses, einem Mitglied des Haqqani-Netzwerks, beleidigt, und ihnen wurde geraten, das Krankenhaus nicht wieder zu betreten. Inzwischen gibt es Berichte, dass sich die Haqqanis am 15. August, als die ehemalige Regierung zusammenbrach, schnell der Hauptstadt näherten, um die Kontrolle über die Schlüsselpositionen zu übernehmen. Die von Mullah Baradar angeführte Gruppe hatte sich wiederum gegenüber den USA und der ehemaligen afghanischen Regierung verpflichtet, die Stadt bis zur friedlichen Übergabe der Macht nicht zu betreten.«

Und auch zum Machtwechsel hat der Journalist eine These: »Laut Dawood Naji, Berater des ehemaligen Nationalen Sicherheitsrats, haben die Haqqanis am 15. August den ehemaligen Nationalen Sicherheitsberater Hamdullah Mohib angerufen, um ihn aufzufordern, die Regierung zu übergeben. US-Beamte bestätigten, dass der Anruf von den Haqqanis kam und sie bereits in der Stadt auffällig präsent waren. Dies führte zum Zusammenbruch der Regierung und zur abrupten Flucht des damaligen Präsidenten Ashraf Ghani.«

Manche Experten messen dem Machtkampf innerhalb der Taliban keine zu große Bedeutung bei. Baradar werde wichtig bleiben. Er soll viel zu viel Macht und Unterstützer haben, um sich an den Rand drängen zu lassen. Schließlich war er Mitbegründer der Taliban und Mullah Omars Vertrauter.

Politische Differenzen gebe es mehr in Einzelfragen, nicht in der ideologischen Ausrichtung an sich. Thomas Ruttig meint dazu: »Ich würde von einem Ringen um Einfluss sprechen, nicht von einem Machtkampf.«

»Sie sind gut aufgestellt und ausgebildet, die Haqqanis«, schreibt mir der Journalist. »Ich hatte die Gelegenheit, das Innenministerium, die Passabteilung und das Personalausweisbüro, die alle von Haqqanis geleitet werden, aus der Nähe zu sehen. Sie alle sprechen fließend Englisch, Arabisch, Paschtu und natürlich Urdu. Inzwischen leitet die Gruppe auch das Ministerium für Grenz- und Stammesangelegenheiten. Jüngsten Berichten zufolge haben bereits pakistanische Streitkräfte Kontrollposten auf afghanischem Boden eingerichtet.«

Ist und war Pakistan Schutzmacht der Taliban? Fest steht: Ohne Pakistan gäbe es keine Taliban.

Während der ersten Taliban-Herrschaft wurde in Pakistan ein Dutzend bekannter Politiker ermordet; die pakistanische Polizei nahm keinen einzigen Attentäter fest. »Sie wurden vom ISI gedeckt«, berichtet mir der pakistanische Journalist und Taliban-Experte Ahmed Rashid am Telefon.

Al-Qaida-Chef Osama bin Laden verweilte bis zu seiner Tötung durch amerikanische Navy SEALs in der pakistanischen Garnisonsstadt Abbottabad – weit entfernt von jenen afghanischen Dörfern, die regelmäßig von Drohnen überwacht und bombardiert wurden. Nicht nur er fand nach 2001 Unterschlupf in Pakistan, sondern Zehntausende Taliban-Kämpfer. »Aus pakistanischer Sicht stellten sie weiterhin die Zukunft Afghanistans dar, und sie mussten versteckt werden, bis ihre Zeit gekommen war«, schreibt Rashid.

Nur ein paar Tage nach der Machtübernahme der Taliban im Sommer 2021 wurde Pakistans ISI-Chef Faiz Hameed in

Kabul gesehen. Pakistan war laut Ahmed Rashid maßgeblich an der Regierungsbildung der Taliban beteiligt.

Pakistans Sicherheitspolitik ist seit jeher von der Bedrohung durch den Nachbarn Indien geprägt. Deshalb verfolgte Pakistan seit jeher das Ziel, Einfluss auf die Regierenden in Kabul zu nehmen, um eine Zwei-Fronten-Situation zu vermeiden. Nicht selten wird in pakistanischen Kreisen stolz erzählt, als Erste erkannt zu haben, dass die Taliban die Macht der Zukunft werden. Schon die Regierungszeit der Taliban von 1996 bis 2001 betrachtete man im östlichen Nachbarland deutlich unkritischer als anderswo.

Die Regierungspolitik von Karzai und Ghani war Pakistan demgegenüber stets ein Dorn im Auge: zu Indien-freundlich.

Für Pakistan sind Sicherheit und Frieden wichtiger als Menschenrechte. Um jeden Preis. »Wenn du nicht zwei Pferde gleichzeitig reiten kannst, solltest du nicht zu den Diensten gehen«, sagte einst ein britischer Diplomat. Das hat sich der ehemalige ISI-Chef Asad Durrani gemerkt:

»Man muss lernen, das doppelte Spiel zu spielen.« Und der Westen scheint dieses Vorgehen zu akzeptieren. Die USA sind engste Verbündete Pakistans. Über Pakistan flossen die Dollars an die Mudschaheddin. Gleichzeitig unterstützten sie die Taliban.

Doch es gibt auch Probleme zwischen Pakistan und den Taliban. Und sie scheinen zu wachsen. Die Durand-Linie, eine der Staatsgrenzen, Ende des 19. Jahrhunderts von den Briten gezogen, ist ein solches Problem. Die Grenze durchtrennt paschtunische Siedlungsgebiete – sie wird weder von Afghanistan noch von Pakistan anerkannt. Ein Dauerthema und -konflikt.

Zusätzlich gibt es noch den Streitpunkt TTP, Tehrik-i-Taliban. Die militant islamistische Dachorganisation besteht aus pakistanischen Taliban, die den Sturz der pakistanischen Regierung anstreben. Sie agieren unabhängig von den afghanischen Taliban, finden aber in Afghanistan oft Schutz. Auch ihre Anführer verweilen dort in sicherer Entfernung. Die Machtergreifung der Taliban in Afghanistan hat die TTP offenbar bestärkt, auch eine neue Angriffswelle in Pakistan zu starten.

Die TTP bekämpft also die pakistanische Regierung, die die afghanischen Taliban unterstützt, die wiederum mit der TTP in einem guten Verhältnis stehen. Ein Riesenproblem für die künftigen afghanisch-pakistanischen Beziehungen.

Das internationale Umfeld ist für die Taliban ein günstigeres als bei ihrer ersten Machtübernahme vor 25 Jahren. Heute könnten sie ihre Macht stabilisieren, da sie Unterstützung durch die Nachbarstaaten erfahren. Und auch die internationale Dschihadistenszene hat in den letzten zwei Jahrzehnten an Zuwachs gewonnen und unterstützt sie. Al-Qaida, Tahrir al-Sham in Syrien, Somalias al-Shabaab, die palästinensische Hamas in Gaza, sie alle gratulierten und frohlockten über den Sieg der Islamisten.

1996 waren es nur drei Staaten, die das Taliban-Regime anerkannten: Saudi-Arabien, die Vereinigten Arabischen Emirate und Pakistan. Der Iran, Russland und Indien unterstützten den bewaffneten Widerstand der gegnerischen Nord-Allianz. Dieses Mal blieben die Botschaften von China, Russland und dem Iran demonstrativ offen. Schon vor der Machtübernahme im Sommer kam eine hochrangige Delegation der Taliban nach Teheran.

Die Anrainerstaaten haben vor allem ein Interesse: Sicherheit. Man wünscht sich, dass die Taliban die Terrorgruppen im Zaum halten, die den Eroberungsfeldzug der Taliban im Frühsommer von ihren Rückzugsgebieten aus noch unterstützten.

Gelingt es den Taliban, Isolation und Stellvertreterkriege zu vermeiden, könnten sie ein stabiles Regime errichten. Für die Schaffung der allseits gewünschten Sicherheit wollen sie jedoch politische Anerkennung und wirtschaftliche Unterstützung. Da helfen ihnen die Rivalitäten der westlichen Staaten mit Russland und China, sie bieten ihnen mehr Spielraum in der Zusammenarbeit. Die USA und Europa werden weiterhin auf die Lösung von Sicherheitsfragen, auf Menschenrechte und die Beteiligung von Frauen pochen und davon ihre Überstützung abhängig machen. Für China, Russland, die zentralasiatischen Staaten, den Iran und Pakistan, allesamt Nachbarn, spielen solche Fragen eine geringere Rolle und es gilt: safety first.

19 Eine humanitäre Katastrophe

Ich wundere mich über die Informationen, die ich gerade im Mirwais-Krankenhaus in Kandahar bekomme. Dr. Abbas Alkozai spricht nicht über medizinische Versorgungsknappheit. Nein, er sagt mir, dass er froh ist. Darüber, dass die Gefechte endlich aufgehört haben, der Krieg, in dessen Zentrum das Krankenhaus lag. Der junge Arzt ist umzingelt von Menschen, die etwas von ihm wollen, Kranke, ihre Angehörigen, mittendrin ein Taliban-Kämpfer, um dessen Hals ein Gewehr hängt; ein Bild, an das sich hier anscheinend alle schon gewöhnt haben. Dr. Alkozai ist vielleicht 40 Jahre alt. Er nimmt mich mit in ein Zimmer, sperrt es von innen ab, damit uns niemand stören kann. Bevor er auf meine Fragen antwortet, seufzt er tief und berichtet, er habe seit mehr als sechs Monaten kein Gehalt mehr ausgezahlt bekommen. Er mache das hier ehrenamtlich. Dann erklärt er mir, warum er trotzdem froh ist: »Im Krieg kümmert sich keiner um den anderen. Wir hier im Krankenhaus waren direkt an der Frontlinie, auf der einen Seite die Taliban, auf der anderen die afghanischen Polizeieinheiten. Dann kamen die Taliban ins Krankenhaus, ich hatte große Angst, dass sie uns töten würden. Doch das geschah nicht, sie benahmen sich anständig, waren sogar zuvorkommend.«

Das Krankenhaus war schon immer überfüllt. Besonders

in der Zeit, in der der Krieg in der südlichen Provinz tobte. Viele, die hier eingeliefert wurden, gaben den amerikanischen Drohnenangriffen und Bomben die Schuld an ihrer Misere, mehr als den Taliban-Kämpfern und ihren Selbstmordattentätern, erzählt mir der Arzt. Jetzt sind die Amerikaner weg, ist der Krieg beendet. Man könnte nun davon ausgehen, dass es weniger zu tun gibt. Doch genau das Gegenteil ist der Fall. Es sind noch mehr Patienten geworden. Denn all die Taliban-Familien, die 20 Jahre nicht in die Stadt kommen konnten, sich in der Provinz in den Bergen versteckten, sie kommen nun, um sich behandeln zu lassen. Die Trennlinie zwischen Taliban und deren Familien sowie der afghanischen Zivilbevölkerung gibt es nicht mehr. Die Taliban sind jetzt überall. Sie stehen am Eingang des Krankenhauses, mit ihren AK-47. Ich sehe auch Handschellen, die über ihrer Brust spannen, auf ihnen steht »Made in USA«. Die Taliban-Kämpfer stehen gleich neben einem Plakat, auf dem ein Maschinengewehr zu sehen ist, durchgestrichen, darüber steht: No Weapons. Sehr wahrscheinlich ist es ein Relikt aus der Zeit vor dem 15. August.

Dr. Alkozai stöhnt unter dem enormen Andrang. »Ich habe so viele Patienten, die 20 Jahre keinen einzigen Arzt gesehen haben, sie haben es nie bis in die Stadt geschafft und ins Krankenhaus. Viele Wege waren gesperrt, viele Dörfer abgeschnitten von der Infrastruktur, weil es Krieg gab. Jetzt sind die Straßen frei. Im Moment machen 5 Prozent meiner Patienten die Menschen aus der Stadt aus, vielleicht 10 Prozent. 80 bis 90 Prozent meiner Patienten kommen aus den ehemals unzugänglichen Gebieten. Sie kommen mit Krankheiten, von denen sie nicht wussten, dass diese einen Namen haben, eine Diagnose und Heilungsmöglichkeiten.«

Und er erzählt mir von Fahim, der drei Tage nach dem Fall der Ghani-Regierung ins Krankenhaus kam. Er stammt aus Zari, einem Distrikt, ungefähr 50 bis 70 Kilometer weit entfernt. Er war 25 Jahre nicht in der Stadt. Der Arzt fragte ihn nach seinem Alter: Er sei kürzlich 25 geworden. Er hat also die so nah gelegene Stadt sein Leben lang noch nie betreten.

Wir gehen wieder zurück in den Sprechstundenraum. Dort liegt bereits ein neuer Patient, er ist sehr alt. Seine Familie ist mitgekommen, die männlichen Angehörigen. Alle tragen lange Bärte, etwas verunsichert wirken sie. Man sieht ihnen an, dass es für sie eine ungewohnte Umgebung ist. Vielleicht ist es auch ungewohnt, dass man sich um sie kümmert. Dass man ihnen nichts Böses will. Dass sie nicht mehr jemandes Feind sind, zumindest hier im Krankenhaus. Dann sagt mir der Arzt noch, dass er den Menschen, die zu ihm kommen, oft nur medizinische Beratung geben kann, Medizin ist für die meisten zu teuer. Es kommen Tausende zum ersten Mal in ihrem Leben in ein Hospital, das Geld für die Behandlung haben jedoch weder die Patienten noch der Staat. Und so gehen sie meist krank wieder nach Hause.

Seit der Machtübernahme der Taliban ist die wirtschaftliche Situation im Land noch schlimmer geworden. Der Machtwechsel im August hat beim Afghani – der afghanischen Währung – einen Verfall von 20 Prozent ausgelöst. Die nun herrschenden radikalislamischen Taliban haben Anfang November verboten, mit anderer Währung außer dem Afghani zu zahlen. Sie erklärten: »Die wirtschaftliche Situation und das nationale Interesse des Landes verlangen, dass alle Afghanen den Afghani in jeder Transaktion nutzen.« Wer sich nicht daran hält, wird bestraft, heißt es weiter. 9,5 Milliarden Dollar wurden von den USA, dem Internatio-

nalen Währungsfonds und der Weltbank seit Machtübernahme der Taliban eingefroren. Afghanistan hat kein Geld,
ist auf internationale Hilfe angewiesen. Gehälter werden seit
Monaten nicht ausgezahlt. Auch das von Dr. Alkozai nicht.
Das Gesundheitssystem in Afghanistan, das weitestgehend
von der internationalen Gemeinschaft aufgebaut wurde,
steht vor dem Kollaps.

Weit mehr als 300 Patienten pro Tag zählt das Internationale Rote Kreuz auf seiner Webseite, die 2020 ins Mirwais-
Krankenhaus in Kandahar kamen. Wenn Dr. Alkozai sagt,
dass nach dem 15. August 2021 90 Prozent seiner Patienten
neu hinzukamen, hat er nun ziemlich viel zu tun.

Die medizinische Lage ist im ganzen Land verheerend. »Das
Hauptproblem ist, dass das gesamte Gesundheitswesen in Afghanistan schon vor der Machtübernahme der Taliban krank
und fragil war. Es hing am Tropf der internationalen Gemeinschaft. Das heißt, dass alle Gehälter und Krankenhäuser aus
dem Ausland finanziert wurden. Es wurde nie an eine Lösung
gedacht für den Tag X, den Tag, an dem die Hilfen aus dem
Ausland stoppen werden. Es gab keinen innerafghanischen
Ansatz, wie diese Krankenhäuser finanziert werden können.
Wie sichergestellt werden kann, dass die Krankenhäuser weiterhin bestehen.« Der Allgemeinmediziner Dr. Yahya Wardak
lebt seit 1992 in Deutschland, hat sowohl im afghanischen
Gesundheitsministerium als auch im Hochschulminis-
terium, in dem er für medizinische Fakultäten gearbeitet hat,
dieses Problem immer wieder angesprochen. »Keiner hat sich
darüber Gedanken gemacht, jeder sein eigenes Süppchen ge-
kocht«, erzählt er mir, als ich ihn in Deutschland kontaktiere.
»Die Situation von heute war zu erwarten. Es war klar, eines
Tages werden die Milliarden ausbleiben.«

Nicht nur viele Ärzte und Ärztinnen haben seit Monaten keine Gehälter ausbezahlt bekommen, auch medizinisches Gerät fehlt, Verbandsmaterial, Medizin. Die ersten Kliniken haben schon geschlossen. Ich spreche mit einem Angestellten des Gesundheitsministeriums in Kabul. Er schildert mir, wie mutlos alle sind. Niemand hat mehr Ambitionen, wissen doch alle, dass sie keine Garantie mehr auf ihren Job haben. Ein Gehalt wurde vielen schon lange nicht mehr ausbezahlt. »Und plötzlich haben wir Vorgesetzte«, sagt mir der Angestellte, der aus Sicherheitsgründen anonym bleiben möchte, »die Analphabeten sind, ohne Ausbildung und Arbeitserfahrung. Geschweige denn Wissen über den Gesundheitssektor. Nur weil sie zu den Taliban gehören, haben sie jetzt einen Posten, in dem sie das Sagen haben. Alle Programme, die häusliche Gewalt untersuchten, ihr nachgingen, Hilfe für Frauen anboten, vom Frauenministerium in Kooperation mit dem Gesundheitsministerium lanciert wurden, sind eingestellt. Das Frauenministerium gibt es nicht mehr. Im Gesundheitsministerium interessieren diese Fälle die Taliban nicht mehr«, so der Angestellte. Er ist überzeugt, dass die Fälle von häuslicher Gewalt gegen Frauen zugenommen haben, denn die Männer wissen, dass sie ungeahndet bleiben.

Ich besuche eine Tagesklinik im Stadtteil Dewanbegi im Westen von Kabul. Dr. Wardak hat sie mit Freunden und Bekannten 2016 aufgebaut. Wir treffen uns mit einem Mitarbeiter der Klinik an einer größeren Straßenkreuzung in Kabul. Wir würden sie alleine nicht finden, meint er am Telefon zu uns. Er hat recht. Wir fahren mit ihm durch schmale, enge Gassen. Die Menschen hier sehen sehr arm aus, Geschäfte gibt es wenige. Es ist staubig, unser Auto wirbelt noch mehr Staub auf. Kalt ist es auch, Ende November hat es in Kabul nachts Minustemperaturen. Die Menschen sind nur dürftig angezogen. Es gibt zwei Millionen Obdachlose, ihre Zahl steigt. Ich sehe sie überall, unter Brücken, in Parkanlagen in Zelten mit Löchern, durch die es schneit und regnet. Ein soziales Auffangsystem gibt es nicht in Afghanistan. Und wenn schon die Mittelschicht so verarmt ist und kaum noch was zu essen hat, kann man sich vorstellen, wie es den Ärmsten der Armen jetzt in Afghanistan geht. Die Frauen hier tragen alle eine Burka, unter der Burka senken sie ihre Köpfe, als ich mit meiner Fotokamera erscheine. Nur die Ärztin, die uns begrüßt, nicht. Sie trägt ein Kopftuch, leicht um den Kopf gebunden. Wie vor dem 15. August viele Frauen in Kabul das Kopftuch trugen.

Die Klinik kooperiert mit zwei deutschen Vereinen. »Kinderhilfe Afghanistan e. V.« und »humedica e. V.«. Mit ihnen führen sie zudem ein Ernährungsprogramm durch, das sie vor drei Jahren initiiert haben. Ein Programm zur Bekämpfung von Unterernährung. Frauen und Kinder haben in der Klinik die Möglichkeit, sich kostenlos auf Unterernährung untersuchen zu lassen. Wird diese festgestellt, bekommen sie Zugang zu einem Ernährungsprogramm. Auch kostenlos.

Das Rote Kreuz warnte im November, dass inzwischen mehr als die Hälfte der afghanischen Bevölkerung an einem Mangel an Nahrung leidet. Nicht nur die Taliban tragen Schuld an diesem Zustand, schwere Dürren haben in den vergangenen Jahren 80 Prozent des Landes getroffen und die Lebensmittelproduktion weitestgehend lahmgelegt. Vielen ist dadurch ihre Einnahmequelle weggebrochen. Ganz zu schweigen von der Nutzung der Äcker für die Opiumproduktion. Dadurch sind die Preise nach oben geschossen.

Allein der Weizenpreis ist innerhalb eines Jahres um 28 Prozent gestiegen.

Es werden täglich mehr, die zur Untersuchung in die Tagesklinik kommen, darauf hoffen, dass sie über dieses kostenlose Programm für Unterernährte wieder zu mehr körperlicher Kraft kommen. Kinder bis zu sechs Jahren und Frauen zwischen 16 und 45 Jahren dürfen sich anmelden. In dieser Zeit besteht die Möglichkeit einer Schwangerschaft. »Im Durchschnitt haben die Frauen, die zu uns kommen, sechs Kinder«, sagt mir Dr. Wardak und lacht dabei, nicht erfreut, eher frustriert. Die Klinik bietet auch ein Familienplanungsprogramm. »Damit sie zumindest ihre Kinder in einem Abstand von zwei Jahren bekommen, und sich die Frauen regenerieren können«, sagt Dr. Wardak.

Es gibt so viele Kinder in Afghanistan. Egal, wo ich mit der Kamera stehe, sie kommen sofort von überall, ich bin ständig umringt von Dutzenden von ihnen. Auf dem Land, in der Provinz Kandahar habe ich eine Frau gefragt, die in einer Wohnung zusammen mit fünf anderen Familien mit jeweils mindestens vier Kindern wohnt: »Wenn hier so viele Menschen arm sind, warum bekommt ihr dann so viele Kinder? Kinder kosten Geld, ihr könnt sie nicht versorgen.« Die ältere Frau sah mich an und sagte: »Dummheit.« Und ihr Sohn, der neben ihr saß, mit seinem Säugling auf dem Arm, sein fünftes Kind, fügte hinzu: »Nein, das ist gottgewollt.«

Immer mehr Kinder werden in Dörfern von ihren Familien ausgesetzt, zahllos irren sie umher. Und es werden mehr und mehr, so die Deutsche Welthungerhilfe. Einer Million Kindern droht laut Hilfsorganisationen in Afghanistan der Hungertod. Laut UN leiden 18,8 Millionen Afghaninnen und Afghanen täglich an Hunger. 97 Prozent der afghanischen Bevölkerung werden laut UN von Anbeginn des Jahres 2022 an in Armut leben. 97 Prozent von 38 Millionen Menschen.

Dr. Freshta Zahiry ist Leiterin der Klinik, sie erzählt mir, dass ihre Probleme jetzt schon auf dem Weg zur Klinik beginnen. Sie sammeln sich, drei, vier Ärztinnen und Krankenschwestern, an einem Ort, um dann gemeinsam vorbei an den Checkpoints der Taliban zur Arbeit zu gehen. Wenn sie alleine wären, würden sie von den Taliban nach einer Begleitung gefragt, einer männlichen. Dass sie als Ärztin arbeiten darf, haben die Taliban weder erlaubt noch verboten. »Daran denke ich auch nicht, ich arbeite für die Menschen hier im Land, solange ich es kann.«

Auch Dr. Zahiry bestätigt mir, dass genau wie in der Klinik in Kandahar die Menschen die medizinische Versorgung nicht bezahlen können: »Viele Frauen, die vorher ein Einkommen hatten, haben ihren Job verloren. Viele der Männer auch. Oder ihnen wird kein Gehalt ausbezahlt. Die Patienten, die zu uns in die Klinik kommen, müssen die Medizin, die wir ihnen verschreiben, in der Apotheke selbst kaufen. Die meisten holen die bestellten Medikamente nie ab. Gestern kam eine Frau, sie war in einem erbärmlichen Zustand, ich fragte sie, warum sie so spät gekommen ist, sie sagte, sie hatte kein Geld, die Fahrt zur Klinik zu bezahlen.

Unsere Vorräte an Medizin, die aus dem Ausland kommt, schrumpfen. Es kommt nichts nach. Ich weiß nicht, wie es weitergehen soll. Wir haben in Afghanistan keine eigene Pharmaproduktion, wir sind zu 100 Prozent abhängig vom Ausland.« Viele Tausend Projekte und Hilfskooperationen mit Afghanistan wurden seit der Machtübernahme der Taliban gestoppt. Auch ein Projekt, das die Tagesklinik Dewanbegi mit der GIZ aufgebaut hatte, wird nicht fortgesetzt. Ab dem 1. Januar 2022 sei dieses Projekt auf Eis gelegt, teilt man Dr. Wardak mit.

Im Moment sucht die Bundesregierung nach Wegen, Hilfe zu leisten, ohne die Taliban dadurch zu unterstützen; denn noch wartet man auf die Zusage der neuen Machthaber, die Rechte von Frauen zu wahren. Und nicht nur deren Rechte. Selbst wenn es zu Hilfszahlungen an Nichtregierungsorganisationen kommt – es wurden bereits jetzt Milliarden zugesagt –, gestaltet sich dies schwierig, denn durch US-Finanzsanktionen sind Zahlungen fast unmöglich. Und wenn, dann kommen Gelder nur auf Umwegen auf afghanischen Konten an. Doch die Taliban sorgen für das nächste Problem: Wegen der Geldknappheit darf man nicht mehr als 25 000 Euro pro Monat abheben. Und selbst bei diesem Betrag ist nicht gesichert, dass er überhaupt ausgezahlt werden kann. Denn es gibt kein Geld.

Ich stehe in Kabul, gleich werde ich meine Bekannte treffen. Diejenige, die mir den Brief geschrieben hat, den ich in der Einleitung des Buchs wiedergab. Sie kann immer, sagt sie mir, sie hat ja keinen Job mehr, ihr Mann sei ebenfalls zu Hause, auch er hat seinen Job verloren. Nachdem er vier Monate nicht bezahlt wurde. Nach fast einer Woche in Afghanistan habe ich kaum jemanden getroffen, der in den vergangenen Monaten sein Gehalt ausbezahlt bekommen hat. Das Land schlittert jeden Tag tiefer in eine humanitäre Katastrophe. Afghanistans Haushalt wird größtenteils aus dem Ausland finanziert. Seit Jahrzehnten.

Seit die Taliban im Sommer die Macht übernommen haben, wurden alle direkten Hilfen von den internationalen Geldgebern gestrichen. Washington fror Devisenreserven der afghanischen Zentralbank ein, belegte das Land mit strengen Finanzsanktionen. Internationale Überweisungen über das SWIFT-System sind nicht mehr möglich. Fast alle Hilfsprojekte wurden eingestellt. Afghanistan ist kurz davor, zahlungsunfähig zu sein. Das Land befindet sich in einer massiven Liquiditätskrise. Aufgrund der übergroßen Nachfrage steigt der Dollarpreis täglich, und dadurch die Preise im Land. Die Afghanen, die Geld auf Konten haben, wollen ihre Ersparnisse vor der immensen Inflation retten. Ich stehe vor einer Bank in Kabul, neben mir Dutzende Männer. Sie warten darauf, dass sie ihre Geldeinlagen bekommen, ihre eigenen, die auf ihrem Konto liegen.

Vor dem Sommer gab es noch Einzahlungen auf die Konten der Banken, von Geldgebern wie den UN, internationalen Botschaften. Der Geldkreislauf funktionierte. Doch jetzt sind nur Auszahlungen gefragt. Und die Einlagen der Banken schrumpfen Tag für Tag. Im Vergleich zum Vorjahr um 40 Prozent. Alle Afghanen, die mit mir vor der Bank stehen, wollen Geld abheben, haben Angst, dass es bald überhaupt kein Geld mehr geben wird. Afghanistan ist kein Exportland, es gibt kaum eigene Produktionen, das Land ist von Importen abhängig. Die müssen bezahlt werden. Und die Einnahmen bleiben aus.

Ich frage einen älteren Mann, was genau das Problem ist, warum sie hier alle stehen. Er sagt, dass es eigentlich besser läuft als bei anderen Banken in Kabul, doch dann wird er übertönt von den umstehenden Männern, die sich über seine Aussage beschweren. Und mir das Gegenteil erzählen. Seit Tagen stehen sie hier, bekommen kein Geld, schon gar keine Dollar ausbezahlt, und wenn, dann nur zu einem enorm schlechten Wechselkurs.

Wenn ich gestern hier gestanden hätte, sagt mir ein Mann, dann hätte ich gesehen, dass hier noch mehr Menschen vor der Bank versammelt waren, mehr als 200. Alle wollten sie ihr Geld abheben. Ein anderer sagt mir: »Ich habe 800 000 Afghani auf meinem Konto, ich konnte bisher nur 200 000 Afghani abheben, und dass ich dafür Dollar bekomme, davon kann ich nur träumen. Für diese Abhebung von 200 000 Afghani warte ich hier manchmal drei Tage und Nächte, bis ich an die Reihe komme.« Und dann sagt er noch: »Wir stehen hier wie Bettler, die für ihr eigenes Geld betteln müssen.« 200 000 Afghani sind umgerechnet knapp 2000 Dollar.

So viele Zahlen. Zahlen, die schnell in unserem Gedächtnis verschwinden, wenn man das Leid nicht mit eigenen Augen sieht. In Kabul stehen überall Kinder auf der Straße, die Tee verkaufen, Süßigkeiten, versuchen, ein bisschen Geld zu verdienen. Ich treffe Familien, die sich bereits tagelang nichts zu essen kaufen konnten. Fast jede Familie muss ihre Nahrungsaufnahme reduzieren. Brot und Zucker, das ist es, was wir seit Wochen zu uns nehmen, sagt mir eine Frau, die anonym bleiben möchte. Sie darf nicht mehr arbeiten, seit die Taliban an der Macht sind. Auch ihr Mann hat seinen Job verloren, er war im Gesundheitsministerium angestellt.

Eine Bekannte erzählt mir, dass bis vor Kurzem arme Menschen in Afghanistan vor dem Brotladen standen und darauf hofften, dass man ihnen umsonst ein Brot zusteckte. Es waren Bettler, jetzt stehen dort auch Lehrer, die mit gesenktem Blick, beschämt, ein Brot annehmen, als Almosen.

Familien, die nicht mehr weiterwissen, verkaufen ihre jungen Töchter. Mit dem Brautgeld, das die Familie des jungen Mädchens bekommt, versuchen sie zu überleben. Ich habe versucht, eine dieser Familie zu finden, doch die Scham ist zu groß. Junge Mädchen als Braut zu verkaufen, ist nicht neu in Afghanistan. Es habe auch kulturelle Beweggründe, sagt mir die Frauenrechtlerin Mahbouba Seraj in Kabul, als ich sie darauf anspreche.

Neu ist, dass sie jetzt auch ihre Söhne verkaufen. Und es werden gerade sehr viele junge Mädchen und Jungen verkauft. Das ist ein eindeutiges Zeichen der steigenden Armut. Und nicht nur sie werden verkauft. In den afghanischen Nachrichtenkanälen, in den sozialen Medien kursieren immer mehr Nachrichten über Menschen, die aufgrund von Armut ihre Säuglinge verkaufen, für 30 000, 40 000 Afghani. Das ist ungefähr das Einkommen eines halben Jahrs.

Die EU liefert im Dezember 2021 dann doch 150 Tonnen Hilfsleistungen nach Afghanistan.

»Es ist ein Drahtseilakt«, sagt mir Dietmar Köster, der EU-Abgeordnete. »Es ist ein Dilemma, in dem man sich bewegt. Man muss abwägen, was getan werden muss, um die Not der Menschen dort zu lindern. Aber auf der anderen Seite darf es nicht darum gehen, das Taliban-Regime in irgendeiner Weise anzuerkennen. Ein Drittel der Menschen muss den Hungertod fürchten, da kann man nicht einfach die Augen vor verschließen. Auf der anderen Seite haben wir in Afghanistan ein Regime, das von Terroristen getragen wird; die Taliban sind eine terroristische Organisation, bei der es keine offizielle Anerkennung geben kann. Diese Gratwanderung muss man jetzt eine Zeit lang leisten; das ist das Ergebnis einer gescheiterten Politik des Westens gegenüber Afghanistan.«

Die wirtschaftlichen Kosten und gesellschaftlichen Folgen eines Zusammenbruchs des afghanischen Bankensystems wären laut einem UN-Bericht kolossal. Es würde ewig dauern, um auf dem internationalen Markt wieder Vertrauen aufzubauen. Deshalb muss zumindest ein Teil des kommerziellen Bankensystems geschützt werden, heißt es in dem Bericht weiter.

Wir fahren an einem Kohlenhändler vorbei. Ich bitte den Fahrer zu halten. Möchte wissen, wer sich hier noch die Kohle leisten kann. Ich habe gehört und gesehen, dass alles verbrannt wird, Plastik, Stoff, einfach alles – um zu heizen.

Der Kohlenhändler erzählt mir gerade, dass der Preis im Vergleich zum vergangenen Jahr um 30 Prozent gestiegen ist, als ein älterer Mann zwei Briketts kaufen möchte. Ich frage ihn, ob die Preise gestiegen sind. Er bejaht, es sei teurer geworden und er habe kein Geld, sein Sohn sei bei einer Explosion ums Leben gekommen. Die Frage, warum die Preise so hoch seien, beantwortet er folgendermaßen: »Gott und die Regierung, nichts unterliegt unserer Kontrolle.« Auf meine Frage, wie er das Geld für die Kohle verdiene, sagt er mir: »Ich habe seit heute morgen 150 Afghani verdient und hatte noch nicht mal Frühstück.«

Wie sieht seiner Meinung nach die Zukunft Afghanistans mit dem Regierungswechsel aus? »Gott weiß es besser, wir wissen es nicht. Gott weiß es besser«, antwortet er mir.

In Afghanistan sitzt man oft im Winter an einem Korsi, einem sehr niedrigen viereckigen Tisch, unter dem mit Kohle geheizt wird. Die Glut spendet die ganze Nacht Wärme. Doch die Kohle können sich nur noch die wenigsten leisten. Viele stellen am Nachmittag Wasser in die Sonne, so dass es sich ein wenig erwärmt. Dies wird dann stattdessen unter den Korsi gestellt, auf dass der Dampf die Menschen wärme.

Oft wird in nur einem Zimmer die Heizung angemacht.

Wenn es denn eine gibt. Dann versammelt sich die gesamte Familie dort. Den Kühlschrank schalten wir aus, sagt mir eine Frau, die ich bei ihr zu Hause besuche. Während wir in dem einen warmen Zimmer sitzen, sorgt eine elektrische Raumheizung für Wärme. Dann gibt es einen Stromausfall, wie so oft in Afghanistan. Im Winter sogar mehrmals täglich. Während bei den wenigen Reichen wie dem Enkel des letzten Schahs dann Generatoren anspringen, werden beim Rest der Bevölkerung Kerzen herausgeholt. Ist es schon dunkel, geht man früher schlafen.

Überall sehe ich an den Straßenrändern Menschen, die Kochtöpfe, Teppiche, Kleidung verkaufen. Ihr Hab und Gut. Einem Mann, der vor Töpfen, Staubsauger und Föhn am Straßenrand steht, frage ich, ob die Straßenverkäufe mehr geworden sind. Er bejaht. Warum, möchte ich wissen. Seine Antwort: »Armut.« Was sagen die Menschen, die verkaufen? »Sie sagen, sie haben nichts zu essen, also verkaufen sie ihre Gegenstände«, berichtet der Verkäufer mir.

Man kann sehen, wie alles auf der Straße angeboten wird. Eine Bekannte schreibt mir, wie es dazu kommt: »Ich kann Ihnen als Beispiel mich selbst nennen: Es gibt viele andere Familien, wo die Frau – so wie ich auch – arbeitet und die Familie finanziell unterstützt. Nun können Frauen nicht das Haus verlassen, sie können nicht arbeiten, sie haben kein Einkommen. Deshalb müssen die Männer alleine das Geld verdienen. Aber auch Männer haben keine Arbeit und kein Einkommen. Es wird kein Handel betrieben. Keiner hat Geld, um etwas zu kaufen. Die Kaufkraft der Menschen ist sehr gesunken. Wirtschaftlich war das Ganze für die Menschen ein schwerer Schlag. Auf der anderen Seite ist es kalt geworden, und keiner hat zu Hause seine Ersparnisse aufbewahrt. Daher muss man Brennstoff, Holz, Steinkohle oder Gas besorgen. Und das ist ein anderes Problem. Wir müssen uns Geld leihen, um unsere Kosten zu decken. Ich habe auch in den Nachrichten gehört, dass im Westen von Kabul acht Kinder gestorben sind, weil sie extrem arm und unterernährt waren.«

Auf Twitter schreibt die Direktorin des US-Think Tanks »Crisis Group«: »Der abrupte Abbruch der Hilfe hat verheerende Folgen, weil die USA und andere Geber aus eigenem Interesse Afghanistans außergewöhnliche Hilfsabhängigkeit gefördert haben. US-Sanktionen, die den Aufstand nicht wie beabsichtigt stoppen konnten, ersticken nun die gesamte afghanische Wirtschaft.«

In Afghanistan spricht niemand über Corona, die Zeit und den Luxus haben sie hier nicht. Denn sie müssen sich darum kümmern, dass ihre Kinder am morgigen Tag nicht sterben. Das soll nicht melodramatisch klingen, das ist die Realität im Dezember 2021. Ich habe dieses Kapitel Anfang Dezember geschrieben, das Buch ist im Februar 2022 in den Druck gegangen. Wöchentlich habe ich die Zahlen korrigieren müssen, denn sie sind von Tag zu Tag verheerender geworden.

20 Die Entschuldigung

Auf dem Flug nach Afghanistan sehe ich auf YouTube zufällig das Video mit den meisten Klicks aller Zeiten, mehr als sieben Milliarden. Man sieht darin außergewöhnliche Luxusautos, in die eine junge, schöne, blonde Frau steigt. Sie fährt mit ihnen durch die Vereinigten Arabischen Emirate und bewertet sie dann.

Sieben Milliarden Klicks, denke ich mir. Wenn nur ein Bruchteil dieser Aufmerksamkeit außenpolitischen Themen gewidmet werden würde. Wenn sich nur ein Bruchteil heute, drei Monate nach dem 15. August 2021, noch für Afghanistan interessieren würde. Dann landet das Flugzeug, in dem ich sitze, in Kabul.

»Nach dem Rückzug der Taliban aus Afghanistan stehen jetzt in Kabul die Bemühungen um eine Regierungsbildung im Vordergrund. Nach 65 Tagen Abwesenheit sind heute die Vereinten Nationen nach Kabul zurückgekehrt. Wie ein Sprecher erklärte, stehe die UN in Afghanistan vor einer ihrer größten Herausforderungen, vor allem in humanitärer Hinsicht. Da der Winter bereits eingesetzt habe, werde es von Tag zu Tag schwieriger, die Menschen zu versorgen. Auch die medizinische Versorgung in Afghanistan ist dramatisch, es fehlt selbst an den primitivsten medizinischen Hilfsmitteln, von Medikamenten und Hygiene ganz zu schweigen. Wegen mangelnder Versorgung müssen jeden Tag Kinder sterben. Und Hilfe ist nicht in Sicht.«

Dieser verheerende humanitäre Zustand – kommentiert in der »Tageschau« vom 17. November 2001, die ich im Buch bereits zitierte – ist exakt der, den wir heute in Afghanistan wieder vorfinden. Nachdem Billionen US-Dollar in das Land geflossen sind und am Ende das Kartenhaus der »neuen Gesellschaft« von heute auf morgen zusammengebrochen ist.

Der Westen hat 20 Jahre lang gegen die Taliban gekämpft. Er wollte Menschenrechte, Demokratie und Rechtsstaat importieren. »Jetzt, da er den Krieg verloren hat«, schreibt mein Kollege Bernd Ulrich in der »ZEIT« folgerichtig, »sagt der Westen den Taliban: Wir schicken Euch keine Hilfe, wenn Ihr nicht die Prinzipien achtet, für deren Missachtung wir Euch (vergeblich) jahrelang bekriegt haben. Sollten die Taliban Humor haben, dürfte in Kabul jetzt schallendes Gelächter zu hören sein. Seit wann kann der Verlierer dem Sieger Bedingungen stellen?« Die Taliban sind die Gewinner, ja – und der Westen und Afghanistan die Verlierer.

Als ich im Februar 2021 zusammen mit Wolfgang Ischinger die »Münchner Sicherheitskonferenz« moderierte, bei der sich US-Präsident Biden zum ersten Mal direkt an Europa wandte, wurde deutlich: Die Amerikaner werden zukünftig ihre ganze Kraft für das immer mächtiger werdende China benötigen, und für Russland. Platz für Afghanistan ist da nicht mehr: Zu gescheitert, zu teuer, zu arbeitsintensiv. Es war abzusehen.

Und Europa? Wie immer richten wir Europäer uns nach den USA. Sind froh, dass in Washington kein erratischer Präsident mehr sitzt, zumindest für den Moment, und folgen blindlings den Amerikanern. Natürlich hätte die Bundeswehr nicht in Afghanistan bleiben können, sie war schon damit überfordert, sich selbst zu schützen mit den Mitteln, die ihr zur Verfügung standen. Deutschland muss keine Alleingänge machen. Wir sind Teil Europas. Eines Europas, das das Potential hätte, Weltpolitik zu betreiben. Wo bleibt eine selbstbestimmte, dominante, europäische Außenpolitik mit eigenen sicherheitspolitischen Zielen? Zumal die Folgen der verheerenden strategischen Unreife der amerikanischen Außenpolitik in Afghanistan und der gesamten Region zuallererst den europäischen Kontinent treffen. Wann werden die politischen Entscheidungsträger Europas nicht mehr nur darüber sprechen, sondern eine eigene Politik umsetzen? Eins braucht es dazu: Mut. Am 31. Dezember 2021 erhalte ich folgende Nachricht eines deutschen Spitzenpolitikers:

»Liebe Natalie Amiri, am letzten Tage des Jahres erinnere ich mich an Ihre SMS und den großen Kampf, den Sie führen. Gerne hätte ich ihn in anderer Funktion unterstützt, aber dieses Jahr war extrem anspannend für mich. Viele der wirklich wichtigen Dinge spielten im Wahlkampf leider keine Rolle, besonders die internationalen Fragen …«.

Ja, Mut ist es, was den europäischen Politikern fehlt.

Hat die internationale Staatengemeinschaft aus Afghanistan gelernt? Dass sich Demokratie nicht durch Waffen erzwingen lässt? Oder durch Geld erkaufen? Dass Doppelstandards auffliegen? Dass Demokratien aus dem Inneren der Gesellschaft entstehen und wachsen müssen, nicht wenn der Westen das will, sondern wenn das Land und seine Gesellschaft dazu bereit sind? Dann, ja dann, ist es notwendig, die dortige Zivilgesellschaft international zu unterstützen. Doch das hat bisher nicht funktioniert: Wenn Zivilgesellschaften mal westliche Unterstützung forderten, wenn sie sich wie im Iran 2009 auf der Straße gegen das Regime auflehnten, passte es regelmäßig gerade nicht in die politische Agenda des Westens.

Dann lasst doch das Sprechen über Demokratie und Menschenrechte, nur weil es gut klingt. Immer weniger Menschen fallen auf Worthülsen rein, die auch noch gefährlich sind, denn durch sie wird die Autorität und Glaubwürdigkeit der westlichen Politik ausgehöhlt. Falls es hier überhaupt noch etwas auszuhöhlen gibt. Um wieder mehr politische Glaubwürdigkeit zu erlangen, braucht es eine mutige Offenheit und Transparenz. Unter Diplomaten wurde oft darüber gesprochen, WANN Kabul falle, sobald die internationale Staatengemeinschaft rausgeht. Nicht OB.

Und wer weiß? Wenn der Westen die Taliban nicht in eine Schurken-Ecke drängt, mit ihnen in einen Dialog tritt und für finanzielle Unterstützung Forderungen stellt – und zwar solche, die anders als in den letzten 20 Jahren nicht ins Leere laufen. Wenn wirkliche Kontrollen durchgeführt werden (und zu gefährlich ist es nicht mehr, auch im Süden können jetzt Entwicklungsprojekte begleitet werden). Wenn man sich nicht von dem Good-Cop-Bad-Cop-Spiel, wie es die Führung der Islamischen Republik seit Jahrzehnten spielt, vorgaukeln lässt, dass der moderate Zweig der Taliban wirklich einen liberaleren Weg einschlagen möchte. Wer weiß, vielleicht sind die Taliban dann sogar eine Art Chance für Afghanistan. Denn eines darf man nicht vergessen: Die afghanische Kultur ist nicht die unsere. Die Hybris, dass wir unsere Kultur einer anderen Gesellschaft überstülpen, dieser Fehler darf nicht wiederholt werden.

Und noch ein Fehler sollte nicht noch einmal gemacht

werden: Pakistan sein doppeltes Spiel weitertreiben zu lassen. Pakistan unterstützt den radikalen Zweig der Taliban. Man sollte mehr tun, als dem Land ins Gewissen zu reden. Doch dafür braucht es wieder politischen Mut, und den gibt es bekanntlich nicht.

Ich sagte es schon im Anfangskapitel, dieses Buch ist eine Bestandsaufnahme, wenige Monate nach der erneuten Machtübernahme der Taliban. In Berlin, höre ich, wollen sich ehemalige Minister zu einer afghanischen Exilregierung formieren. Ob die Afghaninnen und Afghanen ihnen noch einmal vertrauen werden? Eines wissen sie, die Menschen in Afghanistan: Der Westen hat ihr Land aufgegeben. Jetzt liegt es an ihnen, was sie mit dem Scherbenhaufen machen.

Als ich im Morgengrauen am Flughafen in Kabul ankomme, um nach München zurückzufliegen, sehe ich keinen einzigen Menschen. Es ist gähnend leer. Ich schaue verwirrt auf mein Ticket, doch dort steht: Abflug 8:30 Uhr. Ich frage den Taliban, der am Flughafeneingang steht. Der Flug sei auf den Nachmittag verlegt worden, ob ich das nicht wüsste. Ich fahre wieder zurück in die Stadt. Nicht glücklich. Eigentlich dachte ich, ich habe es geschafft. Geschafft, alle Interviews zu führen, die ich mir vorgenommen hatte, geschafft, durch das Land zu reisen und mit den Menschen zu sprechen. Geschafft, dass mich weder der hier sehr präsente iranische Geheimdienst mal wieder zum Gespräch bittet, noch die Taliban mich an meiner Arbeit hindern. Geschafft, dass ich in keinen Daesh-K-Anschlag gerate, geschafft, dass mir mein Filmmaterial nicht abgenommen wird.

Am Nachmittag fahre ich erneut zum Flughafen, jetzt ist hier mehr los. Überall sehe ich pakistanische Männer. Sie sind neben den Taliban die Gewinner, machen jetzt Big Business in Afghanistan. Die pakistanische Rupie ist hier inzwischen ein gängiges Zahlungsmittel. Ich muss an die Frauenrechtlerin Mahbouba Seraj denken, die mir sagte, sie würde sogar mit ihrem Leben zahlen, um zu verhindern, dass Afghanistan Pakistans fünfte Provinz wird.

Ich sitze jetzt schon drei Stunden am Flughafen, es heißt, unser Flugzeug sei kaputt. Na toll, ich fliege nicht besonders gern. Noch geringer ist meine Vorfreude bei einer afghanischen Fluggesellschaft. Insbesondere, wenn das Flugzeug kurz vor dem Start noch einmal repariert werden muss. Ich überlege, ob ich mir eher wünsche, dass sie es hinkriegen und ich fliegen kann, oder dass sie mir mitteilen, mein Flug sei gestrichen. Letzteres würde bedeuten, dass ich die nächsten Tage hier festsitze, denn alle Flüge sind derzeit ausgebucht.

Dann endlich die Nachricht: Das Flugzeug kann starten. Ich steige ein. Sehe Frauen vor und hinter mir sitzen, mit ihren Kindern auf dem Schoß. Als wir abheben, laufen ihnen Tränen über die Wangen, sie sehen aus dem Fenster, runter auf ihr Land. In das sie wahrscheinlich für eine lange Zeit nicht zurückkehren werden. Die Hälfte aller Akademikerinnen hat das Land verlassen, Ärztinnen, Richterinnen, Journalistinnen und Anwältinnen. Und wir im Westen haben sie dabei unterstützt. Ist es richtig? Ist es gut für das Land? Zweiteres sicher nicht. Wir unterstützen den Brain Drain. Bis heute telefoniere ich täglich mit Frauen aus Afghanistan, die auf meiner Liste stehen, bisher wurden bereits mehr als 90 gemeinsam mit ihren Kernfamilien evakuiert. Und jedes Mal, wenn wir uns freuen, dass es eine weitere geschafft hat, verlässt dabei ein Mensch, der wertvoll für Afghanistan ist, das Land. Aber haben diese Menschen nicht auch ein Recht auf Frieden und Freiheit? Ich merke, dass auch mir die Tränen übers Gesicht laufen. Wahrscheinlich bin ich übermüdet, die Anspannung fällt von mir ab. Große Verzweiflung macht sich breit. Als wir über Afghanistan fliegen, denke ich mir, dass sich der Westen bei der afghanischen Bevölkerung nicht dafür entschuldigen muss, wie dilettantisch er das Land verlassen hat, sondern dafür, welches Versprechen er ihr gegeben hat; ein Versprechen, dass er nie hat erfüllen können: das Land in eine Demokratie zu führen.

Danksagung

All den afghanischen Frauen, die mir vertrauten und mir ihre Geschichte erzählten. Auch wenn sie wussten, dass sie in vielen Fällen nichts dafür bekommen, dass ich sie nicht aus dem Gefängnis Afghanistan, zum dem ihr Land geworden ist, rausbringen kann.

Meiner Mutter will ich danken – eigentlich wollte ich meine Reise vor ihr geheim halten, wie vor meinem Vater, um sie nicht unnötig in Sorgen zu stürzen. Doch ich leitete ihr aus Versehen eine Mail weiter, in der stand, dass ich noch »vor Afghanistan« antworten solle. Meine Mutter sprach mich daraufhin an, was das zu bedeuten habe. Ich antwortete genervt, dass mich diese Reise gerade sehr viel Kraft kostet, allein schon in der Vorbereitung, und ich mich jetzt nicht auch noch darum kümmern könne, dass mein Umfeld sich Sorgen mache. Natürlich verhielt ich mich so, weil ich den Fehler gemacht hatte, ihr die Mail unüberlegt weitergeleitet zu haben. Sie antwortete nur recht cool: »Na ja, du kannst auch im Zug von Erlangen nach Nürnberg erstochen werden. Tritt ruhig deine Reise an, du machst es ja sowieso.« Danke Mama, dass ich mich nicht darum sorgen musste, dass du dich sorgst. Und dass du mich sowieso immer auf Reisen entlässt, ohne mir ein schlechtes Gewissen zu machen.

Yama Noory, er sagte mir eine Woche vor meinem Abflug nach Kabul: »Dont panic at all, you have a family here. Our house is your house. Kabul is waiting for you.« Ich kannte ihn zu diesem Zeitpunkt noch nicht, den Producer, mit dem ich durch Afghanistan reisen sollte. Doch nach meiner Rückkehr aus Afghanistan kann ich bestätigen, es fühlte sich an wie Familie, er hat mir die Wahrheit gesagt.

Lieber Bert, du hattest mir versprochen, meine Kapitel, die die Geschichte des Landes betreffen, Korrektur zu lesen. Ich verzögerte das Versenden, da ich permanent noch Sätze hinzufügte. Und plötzlich erreichte mich die Nachricht deines Todes. Ich hätte so gerne noch so viel mit dir besprochen. Danke, du wunderbarer Professor der Orientalistik, dem ich so viel zu verdanken habe. Ich werde deine persischen Kochrezepte in Ehren halten. Ruhe in Frieden, Professor Dr. Bert Fragner.

Und dann kam Anne und ging mit mir die erste Version der Texte durch. Streng wie immer, ich kenne und liebe sie dafür. Danke Anne Eberhard, dass du mich, als du Goethe-Institutsleiterin in Kabul warst, zu dir eingeladen hast und meintest, ich müsste unbedingt kommen, es gäbe ganz viele Geschichten in Afghanistan. Wie recht du hattest.

Tina Steingräber, danke, dass du wieder von Anfang an dabei warst und mich ermutigt hast dieses Buch zu schreiben.

Ich wusste es nach unserem ersten Treffen, es passt. Herzlichen Dank, Christian Koth für die unglaublich produktive Zusammenarbeit. Ich schreibe diese Zeilen, bevor ich meine erste Version abgegeben habe. Aber ich weiß und spüre, dass es so ist. Ansonsten würde dies hier auch nicht mehr stehen.

Liebe Constanze Neumann, lieber Aufbau Verlag – vielen Dank für das Vertrauen und dass Sie in so kurzer Zeit, innerhalb eines Jahres ein neues Buch von mir verlegen wollten. Ich danke Ihnen für Ihr Vertrauen, mich machen zu lassen, meinen Weg des Entstehens dieses Buches gegangen sein zu dürfen.

Danke Igor Levit für deine Musik, sie hat mich während des Schreibens Tag und Nacht begleitet.

Literaturverzeichnis

Azimi, Mariam T., *Tanz zwischen zwei Welten*. Berlin: List 2021.

Feroz, Emran, *Der längste Krieg. 20 Jahre War on Terror*. Frankfurt a. M.: Westend Verlag 2021.

Grunebaum, G. E. von, *Der Islam II. Die islamischen Reiche nach dem Fall von Konstantinopel* (=Fischer Weltgeschichte, Bd. 15). Frankfurt a. M.: Fischer Taschenbuch 1999.

Rashid, Ahmed, *Sturz ins Chaos. Afghanistan, Pakistan und die Rückkehr der Taliban*. Berlin: Edition Weltkiosk 2021.

Rashid, Ahmed, *Taliban. The Power of Militant Islam in Afghanistan and Beyond*. London: I. B. Tauris 2010.

Schetter, Conrad, *Kleine Geschichte Afghanistans*. 4. Auflage. München: C. H. Beck 2017.

Whitlock, Craig, *Die Afghanistan Papers. Der Insider-Report über Geheimnisse, Lügen und 20 Jahre Krieg*. Berlin: Econ 2021.

Willemsen, Roger, *Afghanische Reise*. Frankfurt a. M.: S. Fischer 2006.

https://www.sigar.mil/allreports/
https://www.afghanistan-analysts.org/en/
https://databank.worldbank.org/reports.aspx?source=2&country=AFG